성경을 읽는 것 자체가 좋습니다. 그러나 알고 읽는 것은 더 좋습니다. 알고 읽되 그리스도를 중심으로 신구약 전체를 이해하고 읽는다면 금상첨화일 것입니다. 역사와 전통이 있는 미국 웨스트민스터 신학교에서 개인은 물론이고 교회 안의 다양한 그룹에서 사용할 수 있는 성경읽기 교과서를 보내왔습니다. 심혈을 기울여 만든 《리딩지저스》는 한국 교회 성도들에게 귀한 선물이 되기에 충분합니다.

이규현 담임목사 | 수영로교회

미국 필라델피아에 자리한 웨스트민스터 신학교는 미국 기독교계는 물론이고 한국 교회에도 큰 영향을 미친 신학교입니다. 영향력 있는 신학자들을 많이 배출하였고, 이를 통해 한국 교회에 크게 공헌한 신학교입니다. 이 고마운 신학교에서 이번에 한국 교회를 위해 또 한 번 큰 수고를 해 주었습니다. 신학교 산하에 있는 웨스트민스터프레스코리아에서 《리딩지저스》라는 성경읽기 도구를 만들었습니다. 신학교 교수님들의 강의를 성도님들도 쉽게 이해하시도록 긴 시간을 들여서 만든 작품입니다. 《리딩지저스》가 가진 가장 큰 의미가 있다면, 성경이 가리키는 한 분, 예수 그리스도를 중심에 둔 성경읽기라는 점입니다. 모든 저자가 성령의 감동으로 오직 한 분 예수님을 드러내기 위해 쓴 책이 성경이라면, 우리는 성경을 쓰인 목적대로 읽어야 할 것입니다. 이런 점에서 많이 기대되는 책입니다. 이 책을 통해 우리는 구약성경이든 신약성경이든 어느 본문에서든 예수님을 발견하게 될 것입니다. 《리딩지저스》와 함께 성경이 말하는 예수 그리스도를 체험하는 행복한 시간을 갖게 되시기를 바랍니다. 나 자신과 내가 처한 상황을 그리스도 중심으로 해석하는 힘이 길러지리라 믿으며 기쁘게 추천합니다.

이찬수 담임목사 | 분당우리교회

성경을 가까이하고 즐겨 읽는 것이 경건의 핵심인 줄 다 알면서도 성경읽기의 행복에 들어가는 것이 생각보다 쉽지 않아서 많은 성도가 여러 번 시도하지만 실패하고는 합니다. 이번에 출간되는《리딩지저스》는 이런 점에서 성도들에게 큰 유익을 끼치리라 생각합니다. 창세기부터 요한계시록까지 성경에 나오는 다양한 인물과 사건을 예수님 중심으로, 예배하는 심령으로 읽도록 도와주어서, 우리의 성경읽기가 단순한 지적 호기심 충족이나 설익은 적용에 그치지 않고, 성경 본문을 풍성하게 누리도록 도전합니다. 또한 삶의 변화로 이끄는 성경읽기가 되도록 안내할 것입니다. 성경읽기를 통해 우리 삶의 전부요 기쁨이신 구주를 더욱 알고 사랑하는 일이 조국 교회와 성도들의 삶에 더욱 풍성해지기를 기대하는 마음으로 이 책을 적극 추천합니다.

화종부 담임목사 | 남서울교회

사도 바울은 연소했던 디모데에게 자신의 사역을 이양하면서 '읽는 것에 전념'하라고 합니다(디모데전서 4:13). '성경을 읽는 것'은 주님의 일을 하는 데 가장 기본인 훈련이며, 성숙한 성도로 살아가는 현장의 시작이라는 뜻입니다. 하나님 앞에 바로 서려는 진지한 결단을 하고 싶다면, 성경을 일독해 보라고 권하고 싶습니다. '말씀'은 시작부터 있었고(요한복음 1:1), 인생을 초기화^{reset}할 때 반드시 '말씀'이 앞에서 이끌어 주어야 하기 때문입니다. 그런데 그동안은 강력히 추천할 성경읽기 교재가 없었습니다. 이제 우리 앞에 나타난 듯합니다.《리딩지저스》성경읽기 교재에는 신학이 담겨 있으며, 그 신학이 성경 66권 전체를 읽어 가는 긴 여행을 돕는 훌륭한 지팡이가 될 것입니다.《리딩지저스》가 담고 있는 신학은 신뢰할 수 있습니다. 예수 그리스도를 중심으로 성경 전체를 읽어 나가는 길을 안내하기 때문입니다.《리딩지저스》는 한국 교회의 소생이라는 염원을 담아 제작되었습니다.《리딩지저스》는 말씀 위에 세워진 한국 교회가 코로나19의 어려움을 이기고 더욱 정결해지는 데 필요한 역할을 할 것입니다.

한규삼 담임목사 | 충현교회

READING
JESUS

1

미국 웨스트민스터 신학교와 '리딩지저스'

'리딩지저스'는 교회 공동체가 함께 성경 전체를 통독하며 성경의 중심 메시지를 이해할 수 있도록 돕는 성경읽기 프로그램입니다. 확신하건대 성경의 중심 메시지는 예수 그리스도, 곧 그분의 인격과 구원 사역입니다. 웨스트민스터 신학교는 오랜 세월 성경 전체에서 그리스도를 바라보는 성경해석학에 헌신해 온 학교로 잘 알려져 있습니다. 우리의 이러한 헌신은 그리스도와 사도들의 중심 메시지에 근거합니다.

누가복음 24장 25-27절에서도 우리는 부활하신 예수님이 이 사실을 얼마나 깊이 인식하고 계시는지 볼 수 있습니다. "이르시되 미련하고 선지자들이 말한 모든 것을 마음에 더디 믿는 자들이여 그리스도가 이런 고난을 받고 자기의 영광에 들어가야 할 것이 아니냐 하시고 이에 모세와 모든 선지자의 글로 시작하여 모든 성경에 쓴 바 자기에 관한 것을 자세히 설명하시니라." 예수님의 이러한 성경 연구는 그리스도 중심 성경읽기인 '리딩지저스의 핵심이자 근간'이 됩니다.

'리딩지저스'는 성경적 교회 기반 프로그램으로, 웨스트민스터 신학교의 사명으로부터 발전하였습니다. "웨스트민스터 신학교는 그리스도와 전 세계에 있는 그의 교회를 위하여 하나님의 모든 뜻을 선포하는 성경의 전문가를 양성하기 위해 존재합니다"(웨스트민스터 사명선언문).

1. 리딩지저스는 성경의 전문가를 양성하는 일을 합니다

웨스트민스터 신학교의 설립자인 그레샴 메이첸은 "성경의 전문가"라는 문구를 다음과 같이 사용했습니다.

> 신학교는 전문가를 위한 학교라는 사실을 결코 잊어서는 안 됩니다. 우리는 전문화 시대에 살고 있습니다. 눈에도 전문가가 있고, 코, 목, 배, 발, 피부에도 전문가가 있습니다…우리의 전문성은 하나님의 말씀에 있습니다. 성경의 전문가, 웨스트민스터 신학교는 이를 양성해 내기 위해 노력할 것입니다(J. Gresham Machen, "Westminster Theological Seminary: Its Purpose and Plan").

'리딩지저스'는 한국 교회를 위한 성경의 전문가를 양성하는 놀라운 빌 걸음입니다. 이 프로그램에 참여하는 사람들 가운데 앞으로 수년 내에 한국 교회를 이끌고 섬길 신학, 목회, 선교, 의료, 교육, 상담, 행징 분야의 성경의 전문가가 배출될 것입니다. 지금 '리딩지저스'에 참여하는 것은 곧 한국 교회의 내일을 위한 성경의 전문가들을 양성하는 일에 동참하는 것입니다.

2. 리딩지저스는 하나님의 모든 뜻을 이해하고 선포하는 것을 핵심으로 합니다

"하나님의 모든 뜻"(the whole counsel of God)이라는 표현은 사도 바울이 에베소 교회의 사랑하는 장로들에게 고별사를 전하며 나옵니다. "이는 내가 꺼리지 않고 하나님의 뜻을 다 여러분에게 전하였음이라"(사도행전 20:27).

웨스트민스터 신학교의 교육은 예수 그리스도 안에 있는 구원의 충만함이 계시된 성경에 확고하게 뿌리내리고 있습니다. 우리 신학교의 이름은 개혁 신앙의 정점에 있는 웨스트민스터 신앙고백의 이름을 따라 명명되었습니다. 그 이유는 어느 도시나 국가, 교단이나 사람이 아닌 오직 성경의 권위를 따르고자 했기 때문입니다.

'리딩지저스'는 성경이 하나님의 영감으로 기록되었으며, 스스로 권위를 입증하는 말씀이라는 고백 위에 만들어졌습니다. 그뿐만 아니라 성경이 기록된 원래 목적과 의미를 발견하여, 복음의 필수 진리에 전념하도록 돕는 교회를 위한 프로그램입니다. '리딩지저스'에 참여하는 것은 하나님의 모든 뜻에 평생을 헌신한 세계적 수준의 성경 전문 교수진이 가르치는 성경수업을 여러분과 여러분의 가족, 교회, 믿음의 공동체에 가져오는 것입니다. 이 얼마나 훌륭한 선물입니까! '리딩지저스'를 여러분의 교회 사역에 사용하길 진심으로 권합니다.

3. 리딩지저스는 그리스도를 영화롭게 하고, 전 세계에 있는 그의 교회를 세웁니다

그리스도를 영화롭게 하는 일은 참으로 우리 삶의 가장 중요한 목적입니다. 웨스트민스터 소요리문답 제1문답은 "사람의 제일되는 목적은 하나님을 영화롭게 하고 영원히 그를 즐겁게 하는 것입니다"라고 가르칩니다. 마찬가지로 예수 그리스도께 초점을 맞추어 그분을 예배하는 것이 바로 '리딩지저스' 프로그램의 핵심입니다.

  예수님은 "내가 땅에서 들리면 모든 사람을 내게로 이끌겠노라"(요한복음 12:32)라고 말씀하셨습니다. 웨스트민스터 신학교의 '리딩지저스' 사역은 그리스도 중심 성경읽기를 통하여 십자가와 우리 주 예수 그리스도의 구원 사역을 높이 들어 올리는 것입니다. 저는 '리딩지저스'가 여러분과 여러분의 교회, 그리고 한국뿐만 아니라 전 세계적으로 그리스도를 영화롭게 하고 그분의 교회를 복되게 하리라고 믿습니다.

  '리딩지저스' 프로그램을 통해 그리스도와 전 세계에 있는 그의 교회에 하나님의 모든 뜻을 선포하는 성경의 전문가를 함께 양성합시다.

피터 릴백 웨스트민스터 신학교 총장

교재 소개

우리는 모두 자신에게 익숙한 방식으로 성경을 읽습니다. 어떤 이는 성경 본문이 전하는 내용을 자세히 살피지 않고 서둘러 적용으로 넘어갑니다. 반대로 본문의 신학적 의미만 파고들지 실천은 뒷전인 사람도 있습니다. 아예 성경을 읽고 또 읽는 그 자체에만 집중하는 경우도 있습니다.

《리딩지저스》는 성경을 정확하고 풍성하게 읽도록 돕습니다. 자신이 좋아하는 본문만 골라 읽는 습관을 방지하고, 본문을 이해하는 데 다양한 관점이 있다는 것을 간과하지 않도록 안내합니다. 무엇보다 생각의 변화만이 아니라 삶의 변화를 추구합니다. 이는 성경 전체를 그리스도 중심으로 읽어 나갈 때 일어나는 반가운 소식입니다.

1 성경 그 자체를 따라

《리딩지저스》는 성경이 하나님의 영감으로 기록되었으며, 스스로 권위를 입증하는 말씀이라고 고백합니다. 이러한 신앙고백 위에서 성경이 기록된 원래 목적과 의미를 발견할 수 있도록 우리에게 성경이 주어진 그 자체를 순서대로 따라가며 성경을 통독합니다.

2 신뢰할 수 있는 신학적 틀

《리딩지저스》는 웨스트민스터 신학교의 "구약성경과 그리스도", "신약성경과 그리스도" 강의를 바탕으로 제작되어 온 교회가 신뢰하며 따라갈 수 있는 성경읽기의 신학적 틀을 제공합니다.

3 균형 있게 통합된 성경통독 교재
- 1부 성경읽기: 매일 일정한 분량씩 읽는 성경읽기
- 2부 성경수업: 성경 각 권을 그리스도 중심으로 해설한 성경수업
- 3부 성경나눔: 성경읽기와 성경수업의 내용을 바탕으로 공동체가 함께
  기도와 예배, 삶의 변화로 나아가는 성경나눔

4 그리스도 중심으로 창세기부터 요한계시록까지
일 년에 일독하는 과정(45주)
- 1권: 창세기-여호수아 (7주)
- 2권: 사사기-에스더 (8주)
- 3권: 욥기-아가 (7주)
- 4권: 이사야-말라기 (9주)
- 5권: 마태복음-로마서 (7주)
- 6권: 고린도전서-요한계시록 (7주)

그리스도 중심 성경읽기

성경은 단숨에 읽을 수 있는 책이 아닙니다. 1,500년에 걸쳐서 기록되었고, 66권으로 이루어져 있는 두꺼운 책입니다. 이야기와 시, 예언과 잠언, 묵시 문학 등 다양한 장르로 기록되었고, 한 번에 이해하기 어려운 본문도 많이 있습니다. 따라서 성경읽기에는 반드시 건강한 신학을 기반으로 하는 틀이 필요합니다.

《리딩지저스》는 온 교회가 신뢰하며 따라갈 수 있는 신학적 틀을 제공합니다. 100년에 가까운 기간 동안 성경에 계시된 그리스도를 붙들고 달려온 미국 웨스트민스터 신학교의 "구약성경과 그리스도", "신약성경과 그리스도" 강의가 그 내용의 토대가 되기 때문입니다. 《리딩지저스》가 안내하는 그리스도 중심 성경읽기는 다음과 같은 특징이 있습니다.

1 성경 속 하나님의 큰 그림을 보여 줍니다

《리딩지저스》는 하나님의 큰 뜻이 예수 그리스도를 통해 어떻게 이루어져 가는지를 보여 줍니다. 성경을 줄거리나 배경지식 위주로 읽거나 각 권의 주제와 쟁점에 초점을 맞춰 살피는 방식보다는, 복음의 발자취를 따라 창세기부터 요한계시록까지 성경 전체를 그리스도 중심으로 읽도록 안내하고, 삶에 적용 가능한 관점을 제공합니다.

2 예배하는 마음으로 성경을 읽도록 돕습니다

《리딩지저스》는 성경이 하나님의 영감으로 기록되었으며, 스스로 권위를 입증하는 말씀이라고 고백합니다. 이러한 신앙고백 위에서 성경이 기록된 원래 목적과 의미를 발견하여 성경 전체에서 예수 그리스도의 복음을 만나도록 돕습니다. 그 복음은 우리를 하나님께 영광을 돌리게 만들고, 이때 성경읽기는 하나님을 영화롭게 하는 예배가 됩니다.

3　**삶의 변화로 이어지는 성경의 핵심을 전합니다**

《리딩지저스》는 성경의 다양한 내용이 어떻게 하나의 이야기로 조화를 이루는지와 성경의 핵심 메시지와 어떻게 연결이 되는지를 보여 줍니다. 그리고 지금까지 많이 들어온 구약성경의 여러 인물과 이야기들이 어떻게 예수 그리스도를 향해 나아가는지와 어떻게 신약성경과 연결되는지를 안내합니다. 성경의 메시지를 선명히 알고 하나님의 뜻을 깨달을 때, 우리 삶은 진정으로 변화할 것입니다.

《리딩지저스》 활용 예시

| **충현교회** choonghyunchurch.or.kr
- 《리딩지저스》를 전 교인 성경통독에 활용
- 2022년 2,289명이 성경통독에 참여
- 주일 설교를 통독 일정과 연계하여 진행

| **대구동신교회** ds-ch.org
- 《리딩지저스》를 훈련교육과정인 성경통독반에 활용
- 2022년 1,300명이 성경통독반에 참여
- 기수별로 통독 참여자를 모집하여 진행

성경통독 활용하기

《리딩지저스》는 성경 전체를 그리스도 중심으로 읽기 원하는 사람은 누구나 쉽게 활용할 수 있습니다. 《리딩지저스》에서 제공하는 45주 성경통독 스케줄에 따라 매일 성경을 읽어 가며 《리딩지저스》 교재와 영상을 성경읽기 길잡이로 삼으세요. 《리딩지저스》를 활용하면 하루에 5장 남짓 성경을 읽으면서 특별한 주간이나 한 권의 교재가 끝날 때마다 한 주씩 쉬어 가더라도 일 년에 성경 일독이 가능합니다.

개인 활용법

그리스도 중심 성경읽기로 일 년에 성경 일독을 실천하고 성경을 정확하고 풍성하게 읽어 나가는 힘을 기를 수 있습니다.

공동체 함께 읽기

공동체가 소그룹으로 함께 모여 성경통독을 할 경우 더욱 풍성하고 효과적인 그리스도 중심 성경읽기를 할 수 있습니다.

전 교인 활용법

전 성도가 함께 그리스도 중심으로 일 년에 성경 일독을 할 수 있습니다.

**개인
활용법**

통독 준비

- 《리딩지저스》교재를 준비합니다. 교재는 1권(창세기-여호수아)부터 준비
하여 시작합니다. 먼저 '구약성경 개관'을 읽고 《리딩지저스》와 함께 그
리스도 중심으로 성경을 읽는 것의 큰 그림을 이해합니다.

주일

- '이번 주 성경읽기표'를 확인합니다.
- 이번 주에 해당하는 리딩지저스 영상을 시청합니다. (약 10-13분 소요)
- 성경수업의 레슨 1-5를 읽습니다. (약 15-20분 소요)

월요일—토요일

- 매일에 해당하는 '성경읽기 해설'을 읽고 통독 길잡이로 삼습니다.
- 통독표에 따라 성경을 읽습니다.

마무리

- 3부 성경나눔의 '성경수업 돌아보기' 문제들을 풀어 봅니다.
- '나눔 질문'에 답을 하며, 한 주 동안 깨달은 은혜를 나의 삶에 어떻게 적
용할지 생각해 봅니다.
- '기도로 함께 소망하며'와 '하나님을 향한 찬양'으로 마무리합니다.

소그룹 운영

- 《리딩지저스》교재와 영상을 활용하면 누구나 어렵지 않게 소그룹 리더로 섬길 수 있습니다. 적게는 3-4명, 많게는 10-12명으로 소그룹을 구성하고, 리더를 정합니다.

주일

- 담당 교역자가 공유하는 리딩지저스 영상 링크를 소그룹 단체 채팅에 공유합니다.

월요일—토요일

- 담당 교역자가 공유하는 그날의 '성경읽기 해설'을 소그룹 단체 채팅에 공유합니다.
- 해당 성경 본문을 다 읽고 '완독' 또는 '(예) 창세기 1-5장 다 읽었습니다'라고 메시지를 남깁니다.
- 성경을 읽고 느낀 은혜를 짧게 나눌 수 있습니다.

모임

- '성경수업 돌아보기' 문제(빈칸 채우기)를 함께 풀어 봅니다.
- '나눔 질문'을 읽고 서로 돌아가며 자신의 이야기를 나눕니다.
- '기도로 함께 소망하며'에 기도 제목을 적고 서로를 위해 기도합니다.
- '하나님을 향한 찬양'의 시편을 함께 읽고 마무리합니다.

목회 활용

- 《리딩지저스》는 목회의 현장에서 다양하게 활용될 수 있습니다. 특별히 교재와 영상을 활용하며 전 교인 성경통독과 주일 예배 설교가 함께 나아갈 때 그 열매가 가장 풍성할 것입니다.

새벽 설교

- 1부 성경읽기는 '기본 읽기'와 '핵심 읽기'로 나뉩니다.
- '핵심 읽기'에서 본문을 선택하여 새벽 설교를 준비할 수 있습니다.

주일 설교

- 한 주간 읽은 성경 범위에서 주요 본문을 선택합니다.
- 교재를 참고하여 본문이 담고 있는 그리스도 중심의 핵심을 전달합니다.
- 《리딩지저스》 성경통독을 통해 본문의 문맥을 이해하고 있는 청중에게 메시지를 전달하는 효과가 있습니다.

소그룹

- 주일 오후, 리딩지저스 영상 링크를 소그룹 리더에게 공유합니다.
- 매일 오전, 성경읽기 해설을 소그룹 리디에게 공유합니다. (성경읽기 해설은 리딩지저스 웹사이트에서 다운로드 가능)
- 간단한 설문을 통해 완독률과 소감 등을 확인하고 나눌 수 있습니다.

3

전 교인 활용법

웹사이트 readingjesus.net

리딩지저스 웹사이트의 라이브러리를 통해 성경 읽기 해설과 교재 관련 자료들을 만날 수 있습니다.

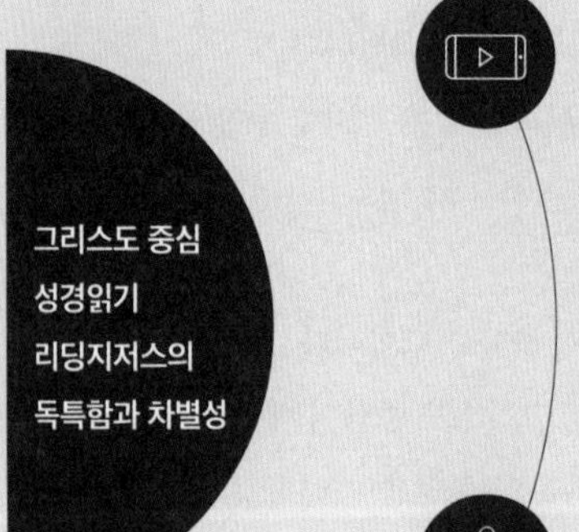

리딩지저스 영상 & 오디오 바이블

스토리텔링 형식으로 구성한 **리딩지저스 영상**을 통해 교재의 성경수업 내용을 보다 쉽게 접근할 수 있습니다. 또한 45주 성경통독 일정에 맞추어 제작된 **오디오 바이블**을 통해 매일의 성경통독 분량을 부담 없이 완독할 수 있습니다.

컨퍼런스

리딩지저스 컨퍼런스는 그리스도 중심 성경읽기의 중요성을 확인하고 말씀으로 교회가 하나되는 구체적인 사례와 방법론을 제시합니다.

인도자 세미나

리딩지저스 인도자 세미나는 그리스도 중심 성경읽기의 중요성에 공감하여 《리딩지저스》 교재와 영상을 활용하고자 하는 목회자들을 돕기 위해 준비한 프로그램입니다. 1) 전 교인 성경통독, 2) 그리스도 중심 설교, 3) 소그룹 모임 운영을 할 수 있도록 안내합니다.

교재 활용법

《리딩지저스》는 성경을 매일 일정한 분량씩 읽는 **성경읽기**와 성경 각 권을 그리스도 중심으로 해설한 **성경수업**, 그리고 이 두 가지를 바탕으로 한 **성경나눔**으로 구성된 성경공부 교재입니다.

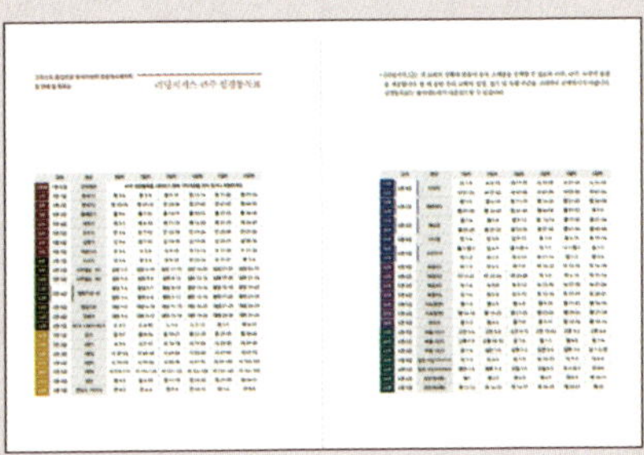

리딩지저스 45주 성경통독표

45주 플랜을 따라 그리스도 중심으로 창세기부터 요한계시록까지 일 년에 일독하는 성경통독표입니다. 45주 성경통독표는 웹사이트에서 다운로드할 수 있습니다.

《리딩지저스》1권 성경읽기 스케줄

매일의 '기본 읽기' 분량과 핵심 주제를 안내하는 스케줄입니다. 1권은 7주 동안 창세기부터 여호수아까지 성경을 통독합니다.

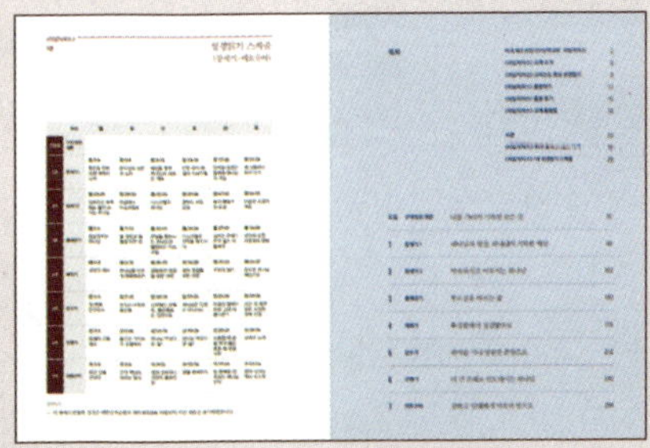

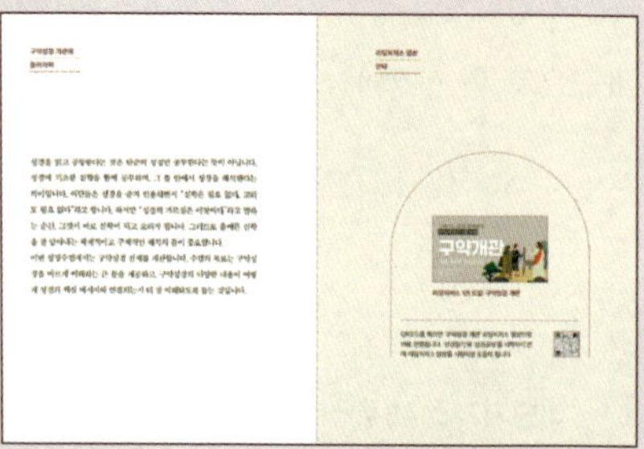

들어가며

이번 주의 1부 성경읽기 범위와 2부 성경수업의 내용을 소개합니다.

리딩지저스 영상 안내

이번 주의 리딩지저스 영상을 소개합니다. QR코드를 찍으면 해당 영상으로 연결됩니다.

이번 주 성경읽기 스케줄

이번 주의 성경읽기 스케줄을 보여 줍니다. '기본 읽기'와 '핵심 읽기' 중 한 가지를 선택하여 그 날의 성경 본문을 읽은 후, 빈칸에 '완독' 표시를 합니다.

성경읽기 해설

그 날 읽을 성경 본문의 내용을 요약한 해설입니다. 리딩지저스 웹사이트의 라이브러리에서도 다운로드할 수 있습니다.

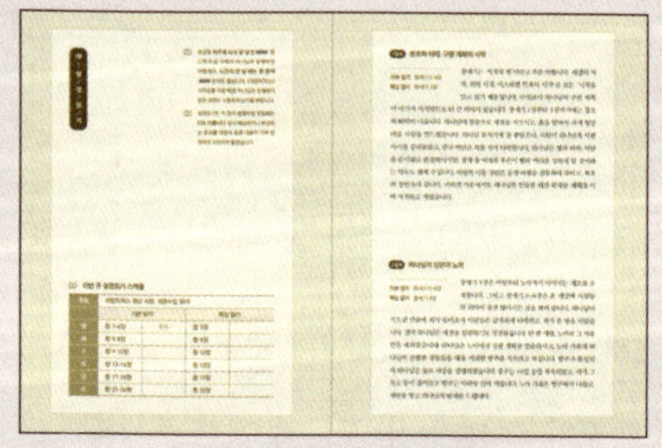

Lesson

이번 주 성경읽기와 함께 읽을 성경수업 내용입니다. 각 레슨은 미국 웨스트민스터 신학교의 "구약성경과 그리스도", "신약성경과 그리스도" 강의를 한국 교회 성도의 눈높이에 맞추어 쉽고 알차게 재구성했습니다.

리딩지저스

'리딩지저스' 페이지는 성경수업에서 다룬 이야기가 어떻게 예수 그리스도를 향해 나아가는지, 그리고 그것이 성도의 삶에 어떤 의미를 부여하는지를 보여 줍니다.

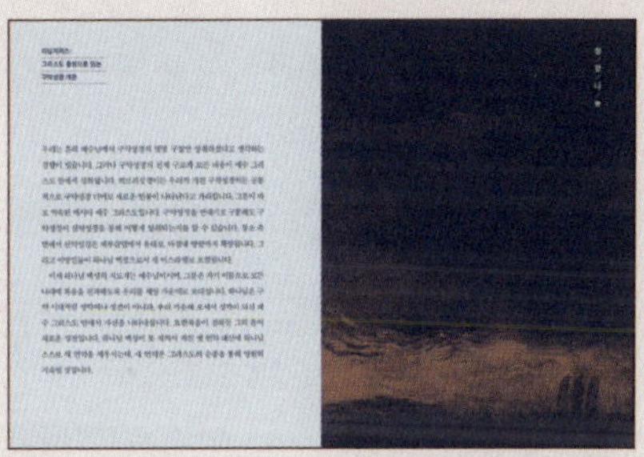

한눈에 보기

이번 주의 성경수업 내용을 한 눈에 볼 수 있도록 압축 요약하여 보여 줍니다. '한눈에 보기'를 읽으며 3부 성경나눔을 시작합니다.

성경수업 돌아보기

2부 성경수업에서 학습한 내용을 확인하는 빈칸 채우기 문제입니다. 오른쪽 페이지 하단의 정답을 참고합니다.

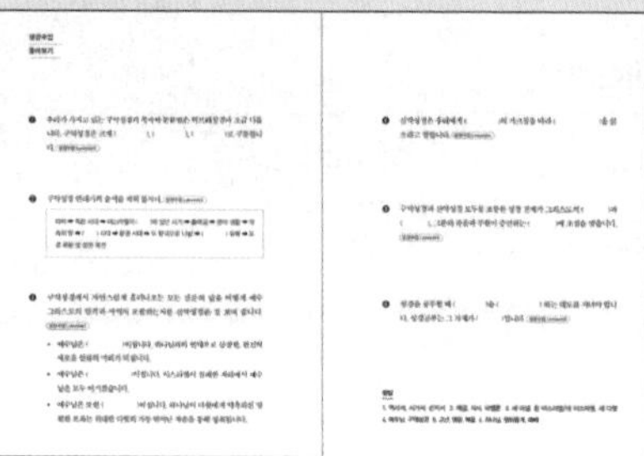

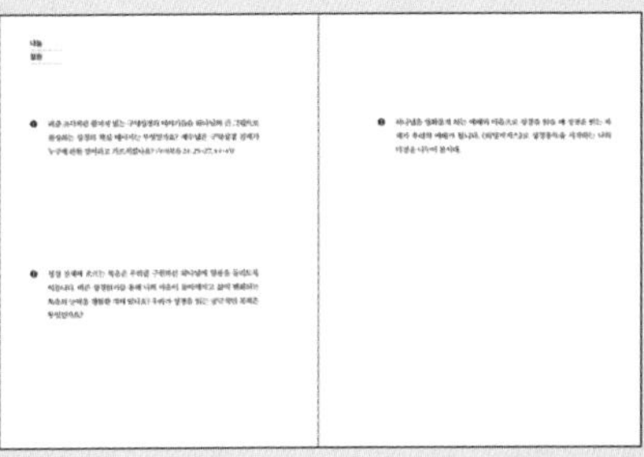

나눔 질문

이번 주 성경읽기와 성경수업을 통해 받은 은혜를 묵상하고 나눌 수 있는 나눔 질문입니다. 여백에 나의 이야기를 적으며, 성경통독 신앙 다이어리로 활용할 수 있습니다.

기도로 함께 소망하며

서로의 기도 제목을 나누고 함께 기도할 수 있도록 안내합니다. 성경통독 기도 수첩으로 활용할 수 있습니다.

하나님을 향한 찬양

하나님께 올려드리는 시편 찬양으로 한 주의 성경읽기, 성경수업, 성경나눔을 마무리합니다.

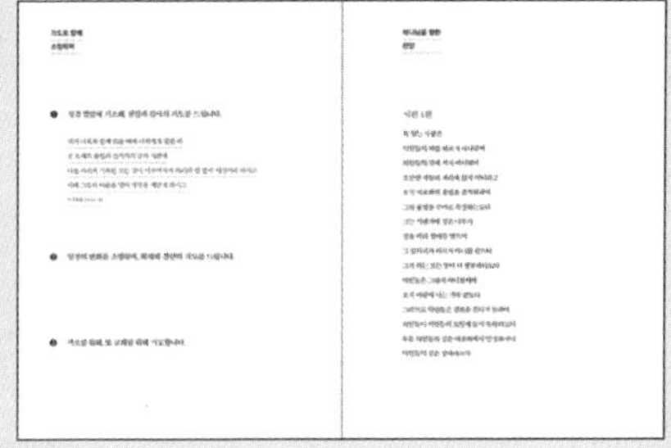

리딩지저스 1: 창세기-여호수아
더 큰 은혜로 인도하시는 하나님

2021년 12월 15일 초판 1쇄 발행
2025년 2월 17일 2판 10쇄 발행

지은이 이안 더귀드, 조나단 깁슨
편역   웨스트민스터프레스코리아 편집부
펴낸이 줄리어스 김

웨스트민스터프레스코리아

주소   서울특별시 강남구 테헤란로33길 18, 628호
전화   02-2289-9081
이메일   readingjesus@wts.edu
등록   2020년 12월 23일

그리스도 중심 성경읽기 리딩지저스

READING JESUS 1

창세기-여호수아: 더 큰 은혜로 인도하시는 하나님

이안 더귀드   조나단 깁슨

READING
JESUS

그리스도 중심의 성경 속으로

구약성경을 읽으면서 가장 유념할 점은 구약성경이 그 자체로 완성된 이야기가 아니라는 사실입니다. 물론 구약성경도 온전한 하나님의 말씀이며, 예수님은 구약성경을 온전한 성경으로 바라보셨습니다. 하지만 동시에 구약성경은 그 너머 이야기, 즉 예수 그리스도를 바라보게 하는 이야기입니다. 누구보다도 예수님 자신이 이 점을 명백히 말씀하셨습니다(누가복음 24:25-27, 44-47).

따라서 구약성경은 그 전체가 예수 그리스도와 그의 고난과 영광을 가리키며, 구약성경을 읽을 때 우리는 반드시 예수 그리스도와 그의 구속 사역 맥락 안에서 읽어야 합니다. 이제 《리딩지저스》 1권의 내용인 창세기부터 여호수아서를 그렇게 읽어 보도록 합시다.

성경은 태초에 하나님이 천지를 창조하셨다는 사실을 맨 처음 선언하면서 오직 창조주 하나님만 예배받으시기에 합당하다고 말합니다. 그 하나님은 피조 세계를 다스리도록 자신의 형상대로 사람을 지으셨으나, 선악과를 금지하심으로써 사람이 하나님의 통치 아래 있음을 명심하게 하셨습니다. 하지만 아담과 하와는 뱀의 유혹을 받아 하나님의 명령에 불순종하여 하나님의 심판을 받게 되고, 그럼에도 하나님은 그들의 회복을 위해 흔히 '원시 복음'이라고 불리는 창세기 3장 15절의 약속을 주십니다. 이는 씨앗 형태의 약속으로서 장차 하나님이 역사 속에서 이루실 모든 중요한 내용, 즉 예수 그리스도께서 십자가 사건을 통해 아담이 잃었던 모든 것을 회복하신다는 약속입니다. 구약성경은 이 약속과 관련하여 반복되는 인간의 죄와 신실하게 약속을 이루어 가시는 하나님의 은혜를 지속적으로 보여 줍니다.

성경의 첫 번째 책인 창세기는 아담과 하와의 최초의 죄 이후 무섭게 확산하는 타락의 모습을 보여 줍니다. 하지만 하나님은 이런 절망적 상황 중에서도 아브람이라는 한 사람을 부르셔서 새로운 구원 역사를 시작하십니다. 그의 후손 야곱의 가족을 애굽으로 이주시켜 큰 민족을 이루게 하시고, 그들을 유월절 어린 양의 피를 통해 구원하셔서 시내 산에서 언약을 세우시고, 또한 성막을 짓게 하셔서 그들 가운데 머무시는 은혜를 베푸십니다. 비록 언약 백성이 하나님과의 언약을 깨뜨리는 행위를 반복하지만, 하나님은 여전히 그들 가운데 함께하시겠다는 언약을 신실하게 지키십니다. 성막이 완성되고 그곳에 하나님의 영광이 충만히 임하면서 출애굽기는 하나님의 약속이 성취됨을 보여 줍니다.

그런가 하면 레위기는 거룩한 왕이신 하나님께 나아가는 방법, 특히 죄로 언약 관계가 깨졌을 때 그 관계를 회복하는 하나님의 방법을 알려 줍니다. 각종 희생 제사, 하나님께서 구별하신 제사장, 지켜야 할 각종 절기 등은 모두 장차 오실 예수 그리스도를 예표적으로 보여 줍니다. 또한 민수기는 출애굽 후 약속의 땅에 이를 때까지 살아가는 두 세대 이스라엘 백성의 모습을 보여 줍니다. 첫 세대는 반복적인 불평과 불순종으로 광야에서 죽음을 맞고, 두 번째 세대는 첫 세대와 크게 다르진 않아도 약속의 땅에 들어가 유업을 받음으로써 소망과 생명을 상징적으로 보여 줍니다. 마치 그리스도께서 십자가에서 이루신 출애굽과 약속의 땅인 하늘 본향에 들어가는 그 사이 광야에서 살아가는 우리 삶을 보여 주는 셈이죠. 그 과정에서 하나님은 그들에게 하신 약속을 신실하게 지키시며 자비를 베푸십니다. 율법서의 마지막인 신명기는 율법에 초점을 두면서도 동시에 하나님의 은혜를 보여 줍니다. 왜냐하면 율법 자체가 하나님 은혜의 선물로서 삶의 규범을 제시해 주고, 하나님께 나아가는 길을 마련해 주며, 죄를 용서해 주기 때문입니다. 그렇기에 십계명을 비롯한 모든 율법 규례들은 은혜로 가득 차 있고, 또한 신명기는 '은혜 먼저, 그다음 율법'이라는 언약의 기본 구조를 통해서 하나님의 은혜를 강조합니다.

이스라엘 백성이 마침내 가나안 땅을 밟은 후, 하나님은 여호수아를 향해 "내가 너를 떠나지 아니하며 버리지 아니하리니"(여호수아 1:5)라는 약속을 재확인하고 가나안 전쟁을 주도해 가십니다. 우리는 여기서 한 가지 질문이 생깁니다. 과연 이스라엘 백성은 하나님께 온전히 순종할 것인가, 아니면 광야 세대처럼 불순종하여 비극을 맞을 것인가? 이에 대한 여호수아서의 결론은 긍정적이면서도 부정적입니다. 순종의 모습과 안식의 축복을 잠깐 보여 주지만, 그 이후 이스라엘은 사사기에 들어가면서 무너지기 시작하여 열왕기하의 결론 부분에서는 이방 땅에 포로로 잡혀갑니다. 즉 여호수아가 정복한 땅과 그곳에서 얻은 안식은 완성된 것이 아니었습니다. 결국 여호수아서는 우리에게 영원한 안식을 가져다주실 메시아를 소망하게 하며, 진정한 여호수아로 오실 예수 그리스도를 기다리게 합니다. 오직 그분만이 우리에게 영원한 안식을 주실 것이기에 우리는 그 약속의 궁극적 성취의 날을 바라보며 그분을 기다려야 합니다. 여호수아가 결코 우리에게 줄 수 없었던 영원한 안식, 오직 예수 그리스도만이 주실 수 있는 영원한 안식을 기다려야 합니다.

그리스도 중심으로 창세기부터 요한계시록까지
일 년에 일독하는

리딩지저스 45주 성경통독표

	교재	영상	1일차	2일차	3일차	4일차	5일차	6일차
인트로	1권 도입	구약개관	45주 성경통독을 시작하기 전에 구약개관을 먼저 읽거나 시청하세요.					
1주	1권 1강	창세기 1	창 1-4	창 5-8	창 9-12	창 13-16	창 17-20	창 21-24
2주	1권 2강	창세기 2	창 25-28	창 29-32	창 33-36	창 37-40	창 41-45	창 46-50
3주	1권 3강	출애굽기	출 1-6	출 7-12	출 13-19	출 20-26	출 27-33	출 34-40
4주	1권 4강	레위기	레 1-5	레 6-10	레 11-15	레 16-20	레 21-25	레 26-27
5주	1권 5강	민수기	민 1-6	민 7-12	민 13-18	민 19-24	민 25-30	민 31-36
6주	1권 6강	신명기	신 1-6	신 7-12	신 13-18	신 19-24	신 25-29	신 30-34
7주	1권 7강	여호수아	수 1-4	수 5-8	수 9-12	수 13-16	수 17-20	수 21-24
8주	2권 1강	사사기	삿 1-4	삿 5-8	삿 9-12	삿 13-16	삿 17-21	룻 1-4
9주	2권 2강	사무엘상·하 1	삼상 1-5	삼상 6-10	삼상 11-15	삼상 16-20	삼상 21-25	삼상 26-31
10주	2권 3강	사무엘상·하 2	삼하 1-4	삼하 5-8	삼하 9-12	삼하 13-16	삼하 17-20	삼하 21-24
11주	2권 4강	열왕기상·하	왕상 1-4	왕상 5-7	왕상 8-10	왕상 11-14	왕상 15-18	왕상 19-22
12주			왕하 1-4	왕하 5-8	왕하 9-12	왕하 13-16	왕하 17-20	왕하 21-25
13주	2권 5강	역대상·하	대상 1-5	대상 6-10	대상 11-15	대상 16-20	대상 21-25	대상 26-29
14주	2권 6강	유배기	대하 1-6	대하 7-12	대하 13-18	대하 19-24	대하 25-30	대하 31-36
15주	2권 7강	에스라·느헤미야·에스더	스 1-5	스 6-10	느 1-6	느 7-13	에 1-5	에 6-10
16주	3권 1강	욥기	욥 1-7	욥 8-14	욥 15-21	욥 22-28	욥 29-35	욥 36-42
17주	3권 2강	시편 1	시 1-6	시 7-12	시 13-18	시 19-24	시 25-30	시 31-36
18주	3권 3강	시편 2	시 37-42	시 43-48	시 49-54	시 55-60	시 61-66	시 67-72
19주	3권 4강	시편 3	시 73-78	시 79-84	시 85-90	시 91-96	시 97-102	시 103-109
20주	3권 5강	시편 4	시 110-115	시 116-120	시 121-125	시 126-130	시 131-140	시 141-150
21주	3권 6강	잠언	잠 1-5	잠 6-10	잠 11-15	잠 16-20	잠 21-25	잠 26-31
22주	3권 7강	전도서·아가	전 1-3	전 4-6	전 7-9	전 10-12	아 1-4	아 5-8

• 《리딩지저스》는 개 교회의 상황에 맞추어 통독 스케줄을 선택할 수 있도록 45주의 플랜을 제공합니다. 한 해 동안 우리 교회의 일정, 절기 및 특별 주간을 고려하여 선택하길 바랍니다. 성경통독표는 웹사이트에서 다운로드할 수 있습니다.

	교재	영상	1일차	2일차	3일차	4일차	5일차	6일차
23주	4권 1강	이사야	사 1-5	사 6-10	사 11-15	사 16-20	사 21-25	사 26-30
24주			사 31-36	사 37-42	사 43-48	사 49-54	사 55-60	사 61-66
25주	4권 2강	예레미야	렘 1-5	렘 6-10	렘 11-15	렘 16-20	렘 21-25	렘 26-30
26주			렘 31-35	렘 36-40	렘 41-45	렘 46-50	렘 51-52	애 1-5
27주	4권 3강	에스겔	겔 1-4	겔 5-8	겔 9-12	겔 13-16	겔 17-20	겔 21-24
28주			겔 25-28	겔 29-32	겔 33-36	겔 37-40	겔 41-44	겔 45-48
29주	4권 4강	묵시문학과 다니엘	단 1-4	단 5-8	단 9-12	호 1-5	호 6-10	호 11-14
30주	4권 5강	소선지서	욜 1-암 3	암 4-9	옵 1-욘 4	미 1-7	나 1-합 3	습 1-3
31주			학 1-2	슥 1-5	슥 6-10	슥 11-14	말 1-2	말 3-4
32주	5권 1강	복음서 1	마 1-3	마 4-6	마 7-9	마 10-12	마 13-15	마 16-18
33주	5권 2강	복음서 2	마 19-21	마 22-24	마 25-28	막 1-5	막 6-10	막 11-16
34주	5권 3강	복음서 3	눅 1-4	눅 5-8	눅 9-12	눅 13-16	눅 17-20	눅 21-24
35주	5권 4강	복음서 4	요 1-4	요 5-8	요 9-12	요 13-16	요 17-19	요 20-21
36주	5권 5강	사도행전 1	행 1-3	행 4-5	행 6-8	행 9-10	행 11-13	행 14-15
37주	5권 6강	사도행전 2	행 16-18	행 19-20	행 21-22	행 23-24	행 25-26	행 27-28
38주	5권 7강	로마서	롬 1-3	롬 4-6	롬 7-8	롬 9-11	롬 12-14	롬 15-16
39주	6권 1강	바울 서신 1	고전 1-4	고전 5-8	고전 9-12	고전 13-16	고후 1-3	고후 4-6
40주	6권 2강	바울 서신 2	고후 7-9	고후 10-13	갈 1-6	엡 1-3	엡 4-6	빌 1-4
41주	6권 3강	바울 서신 3	골 1-4	살전 1-5	살후 1-3	딤전 1-6	딤후 1-4	딛-몬
42주	6권 4강	일반 서신 1(히브리서)	히 1-3	히 4-6	히 7-9	히 10-13	약 1-3	약 4-5
43주	6권 5강	일반 서신 2(요한일서)	벧전 1-5	벧후 1-3	요일 1-3	요일 4-5	요이-요삼	유다서
44주	6권 6강	요한계시록 1	계 1	계 2-3	계 4-5	계 6-7	계 8-9	계 10-11
45주	6권 7강	요한계시록 2	계 12-13	계 14-15	계 16-17	계 18-19	계 20-21	계 22

성경읽기 스케줄
(창세기-여호수아)

	영상	월	화	수	목	금	토
인트로	구약개관 개론						
1주	창세기 1	창 1-4 창조와 타락, 구원 계획의 시작	창 5-8 하나님의 심판과 노아	창 9-12 세상을 향한 하나님의 새로운 계획	창 13-16 언약 의식 체결과 이스마엘	창 17-20 언약의 표징인 할례와 하나님의 개입	창 21-24 네 사랑하는 독자 이삭
2주	창세기 2	창 25-28 모자라고 부족해도 들어 쓰시는 하나님	창 29-32 야곱에서 이스라엘로	창 33-36 이스라엘의 하나님	창 37-40 꿈꾸는 사람, 요셉	창 41-45 복의 통로가 된 요셉	창 46-50 야곱과 요셉의 죽음
3주	출애굽기	출 1-6 응답하시는 하나님	출 7-12 열 재앙과 유월절 어린 양	출 13-19 큰일을 행하시는 하나님과 불평하는 이스라엘	출 20-26 이스라엘과 언약을 맺으시다	출 27-33 넘치는 은혜가 자격 없는 이들에게	출 34-40 성막에 임한 여호와의 영광
4주	레위기	레 1-5 구약의 제사	레 6-10 하나님을 바르게 예배하려면	레 11-15 공동체의 정결을 위한 규정	레 16-20 영적 정결을 위한 규정	레 21-25 구약의 절기	레 26-27 준비된 하나님 백성으로
5주	민수기	민 1-6 첫 번째 인구조사	민 7-12 또다시 시작된 불순종	민 13-18 신뢰에는 은혜로, 불순종에는 심판으로	민 19-24 하나님은 인생이 아니시니	민 25-30 야곱의 장막이 어찌 그리 아름다운가	민 31-36 요단 강 동쪽부터 시작된 정복 전쟁
6주	신명기	신 1-6 모세의 고별 설교	신 7-12 들으라, 기억하라, 순종하라	신 13-18 하나님 백성다운 삶1	신 19-24 하나님 백성다운 삶2	신 25-29 순종할 때 받을 복과 불순종할 때 받을 저주	신 30-34 모세의 노래
7주	여호수아	수 1-4 요단 강을 건너다	수 5-8 언약 백성이 싸우는 방식	수 9-12 점점 성숙하나 여전히 불완전한	수 13-16 땅을 분배하다	수 17-20 땅 분배로 성취되는 하나님 언약	수 21-24 광야 시대는 역사 속으로

• **일러두기** 이 책에서 인용한 성경은 대한성서공회의 개역개정판을 따랐으며, 다른 판본은 표기하였습니다.

목차

구약성경 개관

성경수업　나를 가리켜 기록된 모든 것

성경나눔

성경을 읽고 공부한다는 것은 단순히 성경만 공부한다는 뜻이 아닙니다. 성경에 기초한 신학을 함께 공부하며, 그 틀 안에서 성경을 해석한다는 의미입니다. 이단들은 성경을 즐겨 인용하면서 "신학은 필요 없다, 교리도 필요 없다"라고 합니다. 하지만 "성경의 가르침은 이것이다"라고 말하는 순간, 그것이 바로 신학이 되고 교리가 됩니다. 그러므로 올바른 신학을 잘 담아내는 체계적이고 구체적인 해석의 틀이 중요합니다.

이번 성경수업에서는 구약성경 전체를 개관합니다. 수업의 목표는 구약성경을 바르게 이해하는 큰 틀을 제공하고, 구약성경의 다양한 내용이 어떻게 성경의 핵심 메시지와 연결되는지 더 잘 이해하도록 돕는 것입니다.

리딩지저스 1권 도입: 구약개관

QR코드를 찍으면 '구약성경 개관' 리딩지저스 영상으로 바로 연결됩니다. 또는 유튜브에서 '리딩지저스 구약개관'을 검색하여 시청할 수 있습니다. '성경읽기'와 '성경공부'를 시작하기 전에 리딩지저스 영상을 시청하면 도움이 됩니다.

성
／경
／수
／업

나를 가리켜
기록된
모든 것

또 이르시되
내가 너희와 함께 있을 때에
너희에게 말한 바
곧 모세의 율법과 선지자의 글과 시편에
나를 가리켜 기록된 모든 것이
이루어져야 하리라
한 말이 이것이라 하시고
이에 그들의 마음을 열어
성경을 깨닫게 하시고
누가복음 24장 44-45절

구약성경의 구조와 그리스도

● 히브리성경의 구분

율법서 Torah	선지서 Nebiim		성문서 Ketubim		

율법서 Torah	전기 선지서	후기 선지서	성문서 Ketubim		
창세기			시편	예레미야애가	역대기
출애굽기			욥기	에스더	
레위기	여호수아	이사야 · 미가	잠언	다니엘	
민수기	사사기	예레미야 · 나훔	룻기	에스라	
신명기	사무엘	에스겔 · 하박국	아가	느헤미야	
	열왕기	호세아 · 스바냐	전도서		
		요엘 · 학개			
		아모스 · 스가랴			
		오바댜 · 말라기			
		요나			

먼저 가지고 있는 성경을 펼쳐서 구약성경 목차를 살펴봅시다. 구약성경은 크게 세 부분으로 나눌 수 있는데, 나누는 방법은 두 가지입니다. 히브리어로 쓰인 유대인의 성경은 구약성경의 책들을 율법서, 선지서, 성문서로 구분합니다. 율법서는 모세오경으로, 창세기부터 신명기까지입니다. 선지서는 이사야부터 말라기까지를 포함하고, 유대인들이 전기 선지서라고 부르는(우리가 익히 역사서라고 분류하는) 여호수아부터 열왕기까지도 포함합니다.

성문서는 시편과 잠언 같은 시가서를 포함하고, 후반기 역사서로 간주되는 역대기, 그리고 에스라, 느헤미야, 다니엘 같은 선지서 일부도 포함합니다.

이렇게 했을 때 히브리성경은 창세기로 시작해서 역대기로 끝나는데, 결과적으로 아담부터 포로 귀환까지의 이야기를 담게 됩니다. 이스라엘 역사를 처음부터 끝까지 다시 떠올리게 하는 것이죠. 이러한 배열로 인해 마지막 역대기에 이르면 몇 가지 질문이 떠오릅니다. 여기서 끝인가? 이다음은 없는가? 하나님의 영광스러운 약속들이 계속 이어졌는데, 정작 마지막에 우리가 보고 있는 것은 포로 귀환자들뿐이고, 그들마저도 유다 땅에 돌아왔으나 근근이 살고 있지 않은가? 이것이 전부인가? 이것이 이야기의 끝이란 말인가? 이렇게 슬픈 신음으로 끝나는 것인가? 아니면 이 상황을 뛰어넘어 하나님이 하실 일들이 더 있는 것인가? 히브리성경의 순서는 본능적으로 이런 질문들을 하게 만듭니다.

● **구약성경의 구분**

역사서	시가서(지혜서)	선지서
창세기	욥기	이사야
⋮	⋮	⋮
에스더	아가	말라기

우리가 가지고 있는 구약성경의 목차와 분류법은 히브리성경과 조금 다릅니다. 크게 역사서, 시가서(지혜서), 선지서로 구분하죠. 먼저 역사서는 창세기로 시작해 열왕기를 거쳐 역대기, 에스라, 느헤미야, 에스더까지 포함합니다. 그리고 시가서(지혜서)는 욥기로 시작해 시편, 잠언, 전도서, 아가까지 이어집니다. 마지막으로 선지서는 이사야부터 말라기까지를 모두 포함합니다.

구약성경 구분법에는 여러 의견이 존재할 수 있습니다. 가령 모세오경은 율법서일까요, 역사서일까요? 나중에 다시 살펴보겠지만 미리 답을 드리자면 둘 다입니다. 이 둘은 떼어놓을 수가 없죠. 율법을 주신 하나님이 역사 가운데 함께하셨기 때문입니다. 그렇다면 열왕기는 선지서일까요, 역사서일까요? 예언을 어떻게 정의하느냐에 따라 답이 다를 수 있습니다. "예언은 미래를 예측하는 것이다"라고 정의하면, 열왕기는 선지서와는 거리가 멀어집니다. 그러나 예언을 "하나님의 백성이 하나님 말씀을 삶에 적용하며 살도록 그들에게 도전하는 것이다"라고 정의하면, 열왕기는 선지서라고 할 수 있습니다. 우리가 가진 구약성경은 여러 기준 중 하나를 채택해 정리되었고, 그 결과 창세기로 시작해 말라기로 끝납니다. 앞으로 올 새로운 엘리야를 고대하는 내용으로 끝이 나죠.

> 보라 여호와의 크고 두려운 날이 이르기 전에 내가 선지자 엘리야를 너희에게 보내리니 그가 아버지의 마음을 자녀에게로 돌이키게 하고 자녀들의 마음을 그들의 아버지에게로 돌이키게 하리라 돌이키지 아니하면 두렵건대 내가 와서 저주로 그 땅을 칠까 하노라 하시니라(말라기 4:5-6)

이 내용은 구약성경의 엘리야 같은 인물을 기다리게 합니다. 아마도 낙타털 옷을 입고 가죽 띠를 두른 채 광야에 살면서 하늘에서 불을 내려 달라고 하는 사람일 것입니다. 마가복음 초반에 등장하는 세례 요한이 정확히 이런 모습을 하고 있죠.

이러한 구약성경의 장르적 구분은 하나님께서 그 손길을 우리에게 드러내는 방식과도 부합합니다. 역사가는 하나님의 계시된 말씀을 통해 이스라엘 역사를 바라보며, 그 역사 가운데 일하시는 하나님에 대해 증언합니다. 전통적으로 "그날에 이런저런 일이 이루어졌다"라고 표현하지요. 반면에 선지자는 하나님께서 하시는 말씀을 직접 받아 "그러므로 주께서 말씀하시길"이라고 선포합니다. 지혜자는 세상의 질서를 관찰하면서 피조 세계를 통해 창조주 하나님에 관해 이야기합니다. 예를 들어, 시편 기자는 하늘이 하나님의 영광을 선포한다고 노래하고, 지혜자는 개미에게서 하나님이 세상에 주신 질서를 배우라고 합니다. 물론 세 장르가 서로 배타적이거나 칼로 자르듯 딱 나뉘지는 않습니다. 그러나 대체로 이 세 장르는 하나님의 계시가 우리에게 주어지는 주된 경로라고 할 수 있습니다.

성경의 세 장르는 모두 예수님을 바라보게 합니다. 예수님께서 세 장르의 전형적인 예를 보여 주셨기 때문입니다. 먼저 예수님은 권위를 가지고 이스라엘 역사를 읽으셨습니다. "다윗이 자기와 그 함께한 자들이 시장할 때에 한 일을 읽지 못하였느냐"(마태복음 12:3)라고 하면서 구약성경의 사건을 해석하셨습니다. 또한 하나님의 말씀을 선포하면서는 "너희가 이렇게 들었으나 나는 너희에게 말하노니"라고 말씀하셨죠. 그리고 자연이 진리를 증거하고 있다고 설명하셨습니다.

들의 백합화가 어떻게 자라는가 생각하여 보라…솔로몬의 모든 영광으로도 입은 것이 이 꽃 하나만 같지 못하였느니라 오늘 있다가 내일 아궁이에 던져지는 들풀도 하나님이 이렇게 입히시거든 하물며 너희일까보냐(마태복음 6:28-30)

이처럼 예수님은 구약성경의 세 장르를 모두 성취하십니다. 그분은 예언자, 지혜자, 신성한 역사가인 동시에 선지자, 제사장, 왕이십니다.

 # 구약성경의 연대기적 순서와 그리스도

구약성경 전체를 개관하는 또 다른 방법은 이스라엘 역사를 연대기순으로 살펴보는 것입니다.

> **이스라엘 역사**
>
> 타락 → 족장 시대 → 이스라엘이 애굽에 있던 시기 → 출애굽 → 광야 생활 → 약속의 땅 → 사사 시대 → 왕권 시대 → 두 왕국으로 나뉨 → 바벨론 유배 → 포로 귀환 및 성전 재건

연대기 첫 장은 당연히 창세기 3장의 타락 사건입니다. 타락 이후에 세상과 인류의 모든 것이 뒤바뀝니다. 그때부터 복이 아닌 저주가 시작됩니다. 창세기 4-11장에 걸쳐 저주의 범위는 점점 더 확장되고, 바벨탑 사건에 이르러 전 우주적 죄와 심판이 발생합니다. 그런 가운데 창세기 12장에서 새로운 일이 일어납니다. 하나님이 한 사람을 선택해 부르셔서 그 사람 안에서 모든 민족이 복을 받도록 하십니다. 바로 아브라함입니다. 창세기에 복음이 등장하고 그 약속이 실현되기 시작합니다.

이때를 기점으로 이스라엘 역사는 새로운 시대인 족장 시대로 넘어갑니다. 이제 성경의 관심은 온 세상에서 몇몇 특정 인물에게로 옮겨 가지만,

결국에는 이들을 통해 하나님은 온 세상에 복을 주시고자 합니다. 그러나 몇 세대가 지난 후 400여 년의 공백이 생깁니다. 바로 이스라엘 민족이 애굽에 거주했던 시기입니다. 그 기간에 이들은 한 대가족에서 수를 헤아리기 어려운 큰 집단으로 성장합니다. 그야말로 한 가족이 한 나라를 이루는데, 이들은 하나님이 모세를 통해 애굽에서 이끌어 낼 민족이자, 광야 생활이 끝나면 여호수아를 통해 약속의 땅으로 인도할 민족이었습니다. 따라서 약속의 땅에 들어가는 것은 이스라엘 역사의 새로운 시대를 의미했습니다.

이스라엘 민족은 약속의 땅에 살면서 '사사'라는 카리스마 넘치는 지도자의 통치를 받습니다. 그러나 이러한 리더십 체계에는 문제가 있었습니다. 리더 역할을 맡은 사람의 부족함 때문이기도 했으나, 승계가 안정적이지 않아서였습니다. 그런 이유에서 백성들은 주변에서 대적들이 일어날 때마다 하나님께 자신들의 필요를 구해야 했습니다. 이 문제는 왕을 세움으로써 해결되지만, 얼마나 실제적인 해결책이었는지는 나중에 더 자세히 살펴볼 것입니다.

이스라엘의 그다음 시대는 왕권 체제 도입으로 시작됩니다. 이 기간 이스라엘 민족은 그럭저럭 안정된 삶을 영위합니다. 그들을 통치한 왕이 의로울 때도 있고 그렇지 않을 때도 있었으나, 이 시대는 전반적으로 그리 긍정적이지 않았습니다. 이스라엘은 결국 두 왕국으로 나뉘는데, 대다수 지파는 북쪽 왕국에, 유다와 베냐민 지파는 남쪽 왕국에 속합니다. 그 후 북쪽 왕국은 기원전 722년에 앗수르에게 멸망했고, 그 땅 사람들은 추방되어 여러 곳으로 흩어집니다. 남쪽 왕국은 수도 예루살렘이 오랜 기간 포위 상태에 있다가 기원전 587년에 결국 바벨론에게 함락당합니다. 그 땅 사람들은 추방되어 바벨론에 유배되었고, 그곳에서 살게 됩니다.

바벨론 유배 시기는 하나님이 이스라엘 백성을 향해 어떤 말씀도, 어떤 일도 하지 않는 듯 보였습니다. 하지만 하나님은 끝낼 마음이 없으셨죠. 그 시기가 지나자 하나님은 바벨론을 바사(페르시아) 왕국으로 바꾸시고, 고레스를 왕으로 세웁니다. 고레스 왕은 조서를 내려 이스라엘 백성이 고향으로 돌아가도록 허락했습니다. 유대인들이 예루살렘으로 돌아가 성전을 다시 짓고 그들의 하나님을 예배할 수 있도록 허락한 것입니다. 그래서 학개와 스가랴는 사람들에게 돌아와서 성전을 재건축하고 회복하라고 권면했고, 에스라와 느헤미야는 이스라엘 성벽을 재건합니다. 여전히 외부 통치자의 감독 아래 있었지만, 이스라엘 백성은 자신들의 땅으로 돌아왔습니다. 여기서 구약성경 이야기는 마무리됩니다. 우리는 또다시 같은 질문에 맞닥뜨립니다. 이게 끝인가? 이것이 전부인가? 이것이 이야기의 끝이란 말인가? 이렇게 슬픈 신음으로 끝나는 것인가? 아니면 이 상황을 뛰어넘어 하나님이 하실 일들이 더 있는 것일까?

구약성경은 이런 질문에 대한 답을 주지 않습니다. 구약성경은 퍼즐 조각 여러 개를 상자에서 꺼내 우리에게 주지만, 그 조각들을 하나로 맞추려면 신약성경이 필요합니다.

구약성경의 내용과 그리스도

앞서 구약성경에서 자연스럽게 흘러나왔던 모든 질문의 답을 어떻게 예수 그리스도의 인격과 사역이 포괄하는지를 신약성경은 잘 보여 줍니다.

첫째, 예수님은 새 아담이십니다. 하나님과의 언약으로 등장한, 완전히 새로운 인류의 머리가 되신다는 뜻입니다. 아담 안에서 모든 사람이 죄의 본성을 물려받아 죽음에 이르렀듯이 그리스도 안에 있는 모든 사람은 생명에 이르는 의를 얻습니다. 이것이 바로 누가복음에서 예수님의 족보를 기록할 때 아담까지 거슬러 올라가는 이유입니다. 그리고 예수님은 새 아담이신 동시에 아브라함의 참 후손이십니다. 마태복음의 족보에서 보여 주듯이 말입니다. 마태복음 1장에 나오는 예수님의 족보는 아담이 아닌 아브라함에서 시작합니다. 아브라함부터 다윗까지, 다윗부터 바벨론 유배까지, 바벨론 유배부터 예수님까지로 구분해 족보를 나열하죠.

둘째, 아브라함의 참 후손이신 예수님은 참 이스라엘이십니다. 마태복음 2장에서 예수님은 이스라엘 백성이 그랬듯 애굽으로 내려가고, 두 살 미만 사내아이를 모두 죽이라는 적대적인 왕을 피해 살아남습니다. 이후에 하나님은 이스라엘을 애굽에서 탈출시키듯이 예수님을 애굽에서 나오게 하십니다. 애굽을 탈출한 이스라엘 백성에게 무슨 일이 일어납니까? 홍

해를 건넙니다. 예수님은 어땠습니까? 물로 세례를 받으셨습니다. 그러고 나서 광야에서 40일 밤낮으로 시험을 받으셨죠. 이 일은 이스라엘이 광야에서 40년 동안 시험을 받은 일과 맞아떨어집니다. 실로 예수님께서 광야에서 당한 시험은 이스라엘이 광야에서 겪은 시험을 떠올리게 합니다.

이스라엘 백성은 배가 고프다며 모세를 향해 불평했고, 모세는 그들에게 주님께서 주실 만나를 기대하도록 했습니다. 만나는 하나님이 하늘에서 내려 주시는 양식이었습니다. 한편, 마태복음에서 마귀는 40일을 굶주린 예수님을 시험하며 이렇게 말합니다.

이 돌들로 떡덩이가 되게 하라(마태복음 4:3)

예수님은 하나님이 광야에서 이스라엘에게 주신 신명기 말씀을 인용하여 대답하십니다.

사람이 떡으로만 살 것이 아니요 하나님의 입으로부터 나오는 모든 말씀으로 살 것이라(마태복음 4:4)

또 이스라엘은 광야에서 목이 마르다며 맛사라는 곳에서 하나님을 시험했습니다. 한편 두 번째 시험에서 마귀는 예수님을 성전 꼭대기에 세우고 하나님의 아들이면 뛰어내리라며 하나님을 시험해 보라고 합니다. 이에 예수님은 신명기 말씀을 다시 인용하십니다.

주 너의 하나님을 시험하지 말라 하였느니라(마태복음 4:7)

마지막 세 번째 시험에서 마귀는 예수님께 이스라엘이 금송아지를 만들어 절하고 예배했듯이 엎드려 자신을 경배하라고 합니다. 예수님은 또 한 번 신명기 말씀을 인용하십니다.

주 너의 하나님께 경배하고 다만 그를 섬기라(마태복음 4:10)

이스라엘 백성은 광야에서 세 가지 시험에 모두 걸려 넘어졌지만, 예수님은 광야에서 세 가지 시험을 모두 물리치십니다. 예수님께서 직접 이스라엘 역사를 재현하신 것이지요. 이스라엘이 실패한 자리에서 예수님은 모두 이기셨습니다.

셋째, 예수님은 새 아담이자, 새 이스라엘이며, 새 다윗이십니다. 하나님이 다윗에게 약속하신 영원한 보좌는 위대한 다윗의 가장 뛰어난 자손을 통해 성취됩니다. 예수님께서 예루살렘에 입성하실 때 사람들은 "호산나 다윗의 자손이여"(마태복음 21:9)라고 외쳤고, 예수님은 그들의 찬미를 받으셨습니다. 이를 막으려 했던 대제사장들의 노력은 무색해졌습니다. 그리고 예수님은 새 언약의 중보자로 오셨습니다. 이 언약은 예수님의 보혈로 세워졌습니다. 그리고 그분의 부활하신 몸은 새 창조의 첫 열매가 되셨습니다. 이후 예수님이 다시 오실 때 새 하늘과 새 땅이 도래할 것이며, 세상 모든 만물을 최종적으로 완성하실 것입니다.

이러한 모든 과정의 목표는 바로 태초부터 뜻하셨던 하나님의 목적을 성취하는 것입니다. 그 목적은 바로 하나님과 영원히 함께 거할 백성을 이루는 것입니다. 하나님은 그들의 하나님이 되고, 그들은 하나님의 백성이 되는 것입니다. 영원히 말입니다. 타락의 결과로 생겨난 모든 고통을 사라지게 하려는 것입니다. 이처럼 예수님은 구약성경 전체의 목적(헬라어로 '텔로스')이십니다. 구약성경 전체가 바로 예수님을 향하고 있습니다.

구약성경을 가르치신 예수님과 사도들

실제로 신약성경은 우리에게 예수님의 가르침을 따라 구약성경을 읽으라고 말합니다. 슬픈 얼굴로 엠마오를 향해 가던 두 제자가 예수님과 마주친 사건을 기억하십니까? 그들은 예루살렘을 떠날 때까지도 예수님의 부활에 대해 몰랐습니다. 그런 그들에게 예수님은 구약성경 내용을 설명해 주셨습니다.

> 이르시되 미련하고 선지자들이 말한 모든 것을 마음에 더디 믿는 자들이여 그리스도가 이런 고난을 받고 자기의 영광에 들어가야 할 것이 아니냐 하시고 이에 모세와 모든 선지자의 글로 시작하여 모든 성경에 쓴 바 자기에 관한 것을 자세히 설명하시니라(누가복음 24:25-27)

다시 말해 예수님은 두 제자에게 구약성경을 속속들이 가르치시며 자신이 모든 것을 성취했다고 알려 주셨습니다. 여기서 중요한 것은 예수님의 말씀대로 모세오경과 모든 선지서의 내용이 그리스도의 고난과 그 뒤에 따르는 그분의 영광을 가리킨다는 것입니다. 이에 대한 두 제자의 반응은 모든 성경을 자신과 연결하는 예수님의 기발함에 대한 감탄이 아니었습니다. 오히려 '우리가 어쩌면 이렇게 어리석었지?', '어떻게 이걸 몰랐을까?', '우리가 잘 안다고 생각했던 구약성경이 여러 번 반복해서 그리스도의 고난과 장차 있을 영광을 가리키는데도 어떻게 그걸 몰랐을까?'였습니다.

예수님이 이 두 제자에게만 이렇게 가르치신 것이 아닙니다. 누가복음 24장 후반부에는 부활하신 예수님이 모든 제자들에게 가르치신 내용이 나옵니다.

> 또 이르시되 내가 너희와 함께 있을 때에 너희에게 말한 바 곧 모세의 율법과 선지자의 글과 시편에 나를 가리켜 기록된 모든 것이 이루어져야 하리라 한 말이 이것이라 하시고 이에 그들의 마음을 열어 성경을 깨닫게 하시고 또 이르시되 이같이 그리스도가 고난을 받고 제 삼일에 죽은 자 가운데서 살아날 것과 또 그의 이름으로 죄 사함을 받게 하는 회개가 예루살렘에서 시작하여 모든 족속에게 전파될 것이 기록되었으니(누가복음 24:44-47)

앞서 언급한 히브리성경의 포괄적인 세 장르(모세의 율법, 선지자의 글, 시편)를 누가는 "모든 성경"이라고 부릅니다. 예수님은 메시아를 언급하는 구약성경의 몇몇 본문만이 아니라 구약성경 전체를 가르치셨습니다. 예수님은 구약성경 전체가 자신에 대해 말하고 있다고 하셨습니다. 더 구체적으로는 그리스도의 고난과 부활, 그리고 모든 민족에게 복음이 전파되리라는 내용을 기록하고 있다고 밝히십니다. 따라서 구약성경은 한 장 한 장 모든 내용이 예수 그리스도의 복음을 보여 주는 책입니다.

사도들도 예수님의 가르침을 따라 증언하고 가르쳤습니다. 사도행전 3장

성전 문 앞에서 베드로는 기적을 베풀고 **십자가에 못 박혀 죽으신 예수님**에 대해 증언합니다. 그리스도께서 고난을 받는 일이 **모든 선지자의 입을 통해 미리 선포**되었다고 가르칩니다.

을 보면, 성전 문 앞에서 베드로는 십자가에 못 박히신 예수님에 대해 이렇게 말합니다.

하나님이 모든 선지자의 입을 통하여 자기의 그리스도께서 고난받으실 일을 미리 알게 하신 것을 이와 같이 이루셨느니라(사도행전 3:18)

이 내용은 베드로전서에서 더욱 구체적으로 드러납니다.

이 구원에 대하여는 너희에게 임할 은혜를 예언하던 선지자들이 연구하고 부지런히 살펴서 자기 속에 계신 그리스도의 영이 그 받으실

고난과 후에 받으실 영광을 미리 증언하여 누구를 또는 어떠한 때를
지시하시는지 상고하니라(베드로전서 1:10-11)

바울도 아그립바 왕 앞에서 증언하며 같은 말을 합니다.

내가…증언하는 것은 선지자들과 모세가 반드시 되리라고 말한 것밖
에 없으니 곧 그리스도가 고난을 받으실 것과 죽은 자 가운데서 먼저
다시 살아나사 이스라엘과 이방인들에게 빛을 전하시리라 함이니이
다(사도행전 26:22-23)

이로써 우리가 구약성경을 바르게 해석한다면, 그 메시지의 핵심은 도
덕성이나 사회 운동, 또는 종말론에 관한 것이 아님을 알 수 있습니다. 구
약의 핵심 메시지는 예수 그리스도이며, 더 구체적으로는 그분의 고난과
그 이후의 영광입니다. 복음을 이렇게 이해하면 신자들의 삶에 새로운 도
덕성이 생깁니다. 타락한 세상을 치유하려는 동기와 원동력이 생기고, 새
하늘과 새 땅이 임하는 날을 소망하는 일에 열정이 일어납니다. 구약성경
의 핵심은 바로 그리스도를 증언하는 것입니다. 그리고 그 증언의 핵심은
그분의 고난과 영광, 그분의 죽음과 부활입니다.

  # 우리가 성경을 공부하는 목적

구약성경과 신약성경 모두를 포함한 성경 전체가 그리스도의 고난과 영광, 그분의 죽음과 부활이 증언하는 복음에 초점을 맞추고 있다는 것은 우리에게 몇 가지 중요한 시사점을 던집니다.

먼저 이 복음, 예수님의 죽음과 그의 부활에 관한 기쁜 소식이 그리스도인의 삶의 출발점일 뿐 아니라 윤리적 삶으로 이어진다는 점입니다. 우리 그리스도인들에게 복음은 생명을 지탱하는 심장과 같습니다. 복음은 죄 가운데 죽었던 우리에게 새 생명을 주는 능력이며, 동시에 하나님의 백성을 변화시키는 능력입니다. 이것이 바로 칭의에서 비롯된 성화입니다.

두 번째 시사점은 오늘날 상황에서 매우 중요합니다. 신자 중에 윤리 지식이 부족한 사람은 거의 없습니다. 물론 예외도 있습니다. 교회 안에는 윤리 교육이 필요한 영역도 분명히 존재합니다. 하지만 제 경험에 따르면 그리스도인들은 어떻게 살아야 하는지 이미 잘 알고 있습니다. 문제는 알고 있는 대로 살지 못한다는 것입니다. 지식이 아니라 순종이 부족하기 때문입니다. 이런 지식과 순종의 격차를 어떻게 해소해야 할까요?

진정한 변화는 오직 복음의 능력에서 옵니다. 복음이 우리 삶을 본질적으로 변화시키는 이유는 우리 마음을 겨냥하기 때문입니다. 모든 행동은 마음에서 비롯합니다. 복음은 가장 먼저, 우리가 느끼는 죄책감이 얼마나 얄팍한지 보여 줍니다. 우리는 우리가 생각하는 것보다 더 큰 죄책감을 느껴야 하는 존재입니다. 하지만 동시에 복음은 우리에게 영광스럽고도 기쁜 소식을 선포합니다. 예수 그리스도께서 우리 죗값을 대신 치르시고 우리 죄에 따르는 형벌을 대신 받으셨을 뿐 아니라 우리를 대신해 완전한 순종의 삶을 사셨고, 그 완전한 의를 우리에게 전가해 주심으로 우리가 하나님 아버지 앞에서 의롭다고 여겨질 수 있게 하셨습니다. 따라서 복음은 우리를 죄책감에서 자유롭게 하고, 복음에서 오는 기쁨을 우리에게 주며, 변화된 삶을 살고 싶다는 갈망을 우리 마음에 심어 줍니다.

제가 대학교에서 학생들을 가르칠 때 이런 예를 실제로 많이 봤습니다. 아침 일찍 수업을 들으러 오는 남학생이 있었습니다. 일어나자마자 머리도 빗지 않은 채로 낡은 티셔츠에 허름한 청바지를 입고 나와서 수업을 들었습니다. 외모에 전혀 신경을 쓰지 않았죠. 그런데 일주일 후 갑자기 멋들어진 폴로 셔츠에 깔끔한 면바지를 입고 수업에 왔죠. 향수도 뿌리고, 심지어 이발도 하고 머리도 단정하게 빗고 왔습니다. 저는 궁금했습니다. '어쩐 일이지?' 저는 그 이유를 바로 눈치챘습니다. 여자친구가 생긴 것이죠. 사랑에 빠진 겁니다! 그래서 그 학생의 행동이 바뀐 것입니다. 아마도 그 학생의 엄마는 계속 잔소리를 했을 겁니다. "제발 좀 씻고, 옷 좀 단정하게 입고 다녀." 하지만 '율법의 가르침'은 변화를 불러오지 못했습니다. 그런데 마음이 변하자 삶도 변했습니다. 사랑에 빠지자 행동이 변한 것이죠. 이것이 바로 복음의 능력입니다.

마지막으로 우리가 성경을 공부할 때는 하나님을 영화롭게 하는 태도를 지녀야 합니다. 성경공부는 그저 단순히 공부가 아닙니다. 그 자체가 예배입니다. 왜냐하면 복음으로 인해 하나님께 영광을 돌리고, 창조주 하나님 앞에 마음으로 무릎 꿇고 경배를 드리는 것이기 때문입니다. 하나님 말씀을 배우면 사람들의 삶이 변화합니다. 하지만 더 근본적으로 이러한 성경 연구는 하나님을 영화롭게 해야만 합니다. 에베소서에 나오는 바울의 기도처럼 우리도 기도해야 합니다.

우리 가운데서 역사하시는 능력대로 우리가 구하거나 생각하는 모든 것에 더 넘치도록 능히 하실 이에게 교회 안에서와 그리스도 예수 안에서 영광이 대대로 영원무궁하기를 원하노라 아멘(에베소서 3:20-21)

어떤 신학자들은 이 구절을 어려워합니다. 바울이 이런저런 사안들에 대해 논리적으로 써 내려가다가 갑자기 송영으로 마무리하기 때문입니다. 왜 갑자기 송영으로 마무리했을까요? 바울은 송영이야말로 자신이 말한 모든 내용의 목적이라고 말하고 있는 것입니다. 복음은 우리를 창조하시고 예수 그리스도를 통해 우리를 구원하신 하나님께 영광을 돌리도록 이끕니다. 이것이 우리가 성경을 공부하는 이유입니다.《리딩지저스》를 통해 여러분이 그 진리를 더욱 분명히 깨닫기를 소망합니다.

READING JESUS

리딩지저스
: 그리스도 중심으로 읽는 구약성경 개관

우리는 흔히 예수님께서 구약성경의 몇몇 구절만 성취하셨다고 생각하는 경향이 있습니다. 그러나 구약성경의 전체 구조와 모든 내용이 예수 그리스도 안에서 성취됩니다. 히브리성경이든 우리가 가진 구약성경이든 공통적으로 구약성경 너머로 새로운 인물이 나타난다고 가리킵니다. 그분이 바로 약속된 메시아 예수 그리스도입니다. 구약성경을 연대기로 구분해도 구약성경이 신약성경을 통해 어떻게 성취되는지를 알 수 있습니다. 장소 측면에서 신약성경은 예루살렘에서 유대로, 마침내 땅끝까지 확장됩니다. 그리고 이방인들이 하나님 백성으로서 새 이스라엘로 포함됩니다.

이제 하나님 백성의 지도자는 예수님이시며, 그분은 자기 이름으로 모든 나라에 복음을 전파하도록 우리를 세상 가운데로 보내십니다. 하나님은 구약 시대처럼 성막이나 성전이 아니라, 우리 가운데 오셔서 성막이 되신 예수 그리스도 안에서 자신을 나타내십니다. 요한복음이 전하듯 그의 몸이 새로운 성전입니다. 하나님 백성이 못 지켜서 깨진 옛 언약 대신에 하나님 스스로 새 언약을 세우시는데, 새 언약은 그리스도의 순종을 통해 영원히 지속될 것입니다.

성
경
나
눔

구약성경을 공부하는 것은 단순히 성경읽기만이 아니라 성경을 해석하는 것까지 포함합니다. 이단들도 성경을 인용하기 좋아하지만, 거기에는 올바른 신학이 없죠. 구약성경을 올바르게 이해하는 신학적 큰 틀을 가지는 것은 그만큼 중요합니다. 따라서 성경의 핵심 메시지 안에서 구약성경의 큰 그림을 이해하는 것이 중요합니다.

먼저 구약성경은 히브리어로 쓰였는데 히브리성경은 율법서, 선지서, 성문서로 구분되고, 창세기로 시작해서 역대기로 끝납니다. 아담부터 포로귀환까지를 정리하며 마무리합니다. 우리가 가진 성경은 역사서, 시가서(지혜서), 선지서로 구분되는데, 창세기로 시작해서 말라기로 끝납니다. 앞으로 올 새로운 엘리야를 고대하는 내용으로 끝이 나죠. 두 성경의 순서와 구분법은 다르지만, 공통점이 있습니다. 바로 구약성경 너머의 이야기를 바라보고 기다리게 하는 것이죠.

구약성경을 연대기순으로 나누어 보는 것도 구약성경 전체 구조를 살펴보는 데 도움이 됩니다. 먼저 아담의 타락으로 모든 것이 바뀌고, 죄와 저주의 범위가 점점 확장되죠. 아브라함부터 시작되는 족장 시대를 거쳐 시간이 흐르며 한 가족이 한 나라를 이룹니다. 모세를 통해 애굽에서 나온 이스라엘 민족은 여호수아와 함께 약속의 땅에 들어가면서 하나님 약속의 성취를 맛봅니다. 이들은 약속의 땅에 살면서 왕국을 이루지만, 북 이스라엘과 남 유다로 나뉘고, 결국 강대국에 함락당해 흩어지거나 포로로 유배됩니다. 그 후 다시 고향으로 돌아와 성전과 성벽을 재건하지만, 여전히 외부 통치자의 감독 아래 있었죠. 이 이야기의 끝에서도 동일하게 저 너머에 하나님이 하실 일들이 있으리라는 소망을 품게 합니다.

구약성경에서는 그 이후 이야기의 답을 찾을 수 없습니다. 구약성경이 쥐어 주는 퍼즐 조각들을 하나로 맞추려면 신약성경이 필요합니다. 신약성경은 구약성경에서 자연스럽게 흘러나오는 모든 질문의 답이 어떻게 예수 그리스도의 인격과 사역 안에서 포괄되는지를 보여 줍니다. 새 아담이자 새 이스라엘이신 예수님은 아담과 이스라엘이 실패한 시험을 모두 이기셨습니다. 새 다윗이자 새 언약의 중보자로 오신 예수님은 하나님의 백성이 지키지 못한 깨진 옛 언약 대신에 그분의 보혈로 새 언약을 세우시는데, 이 새 언약은 그리스도의 순종을 통해서 영원토록 지속될 것입니다.

이처럼 우리가 구약성경을 바르게 해석하면, 성경 전체가 예수님을 향하고 있음을 발견하게 됩니다. 예수님께서도 구약성경 전체가 자신에 관한 것이며, 자신의 고난과 그에 따르는 영광을 가리킨다고 가르치셨습니다(누가복음 24:25-27, 44-47). 신약성경뿐만 아니라 구약성경의 핵심 메시지가 바로 예수님의 고난과 영광, 곧 죽음과 부활입니다. 이 복음은 예수 그리스도를 통해 우리를 구원하신 하나님께 영광을 돌리도록 이끕니다. 하나님을 영화롭게 하는 예배의 마음으로 성경을 공부할 때(에베소서 3:6), 복음의 능력이 우리의 삶을 진정으로 변화시킵니다.

❶ 우리가 가지고 있는 구약성경의 목차와 분류법은 히브리성경과 조금 다릅니다. 구약성경은 크게 (   ), (   ), (   )로 구분합니다. (성경수업 Lesson 1)

❷ 구약성경 연대기의 순서를 채워 봅시다. (성경수업 Lesson 2)

> 타락 ➡ 족장 시대 ➡ 이스라엘이 (   )에 있던 시기 ➡ 출애굽 ➡ 광야 생활 ➡ 약속의 땅 ➡ (   ) 시대 ➡ 왕권 시대 ➡ 두 왕국으로 나뉨 ➡ (   ) 유배 ➡ 포로 귀환 및 성전 재건

❸ 구약성경에서 자연스럽게 흘러나오는 모든 질문의 답을 어떻게 예수 그리스도의 인격과 사역이 포괄하는지를 신약성경은 잘 보여 줍니다. (성경수업 Lesson 3)

- 예수님은 (   )이십니다. 하나님과의 언약으로 등장한, 완전히 새로운 인류의 머리가 되십니다.

- 예수님은 (   )이십니다. 이스라엘이 실패한 자리에서 예수님은 모두 이기셨습니다.

- 예수님은 또한 (   )이십니다. 하나님이 다윗에게 약속하신 영원한 보좌는 위대한 다윗의 가장 뛰어난 자손을 통해 성취됩니다.

❹ 신약성경은 우리에게 (   )의 가르침을 따라 (   )을 읽으라고 말합니다. 성경수업 Lesson 4

❺ 구약성경과 신약성경 모두를 포함한 성경 전체가 그리스도의 (   )과 (   ), 그분의 죽음과 부활이 증언하는 (   )에 초점을 맞춥니다. 성경수업 Lesson 5

❻ 성경을 공부할 때 (   )을 (   ) 하는 태도를 지녀야 합니다. 성경공부는 그 자체가 (   )입니다. 성경수업 Lesson 5

정답

1. 역사서, 시가서, 선지서 2. 애굽, 사사, 바벨론 3. 새 아담, 참 이스라엘/새 이스라엘, 새 다윗
4. 예수님, 구약성경 5. 고난, 영광, 복음 6. 하나님, 영화롭게, 예배

❶ 퍼즐 조각처럼 펼쳐져 있는 구약성경의 이야기들을 하나님의 큰 그림으로 완성하는 성경의 핵심 메시지는 무엇인가요? 예수님은 구약성경 전체가 누구에 관한 것이라고 가르치셨나요? (누가복음 24:25-27, 44-45)

❷ 성경 전체를 관통하고 있는 복음 메시지는 우리를 구원하신 하나님께 영광을 돌리도록 이끕니다. 성경을 읽는 가장 중요한 목적은 무엇인가요? 나의 마음과 삶이 성경읽기를 통해 변화된 경험이 있나요?

❸ 하나님을 영화롭게 하는 마음으로 성경을 읽을 때 그 또한 우리의 예배가 됩니다.《리딩지저스》로 성경통독을 시작하는 나의 다짐을 나누어 봅시다.

❶ 성경 말씀에 기초해, 찬양과 감사의 기도를 드립니다.

내가 너희와 함께 있을 때에 너희에게 말한 바

곧 모세의 율법과 선지자의 글과 시편에

나를 가리켜 기록된 모든 것이 이루어져야 하리라 한 말이 이것이라 하시고

이에 그들의 마음을 열어 성경을 깨닫게 하시고

누가복음 24:44-45

❷ 일상의 변화를 소망하며, 회개와 결단의 기도를 드립니다.

❸ 서로를 위해, 또 교회를 위해 기도합니다.

시편 1편

복 있는 사람은

악인들의 꾀를 따르지 아니하며

죄인들의 길에 서지 아니하며

오만한 자들의 자리에 앉지 아니하고

오직 여호와의 율법을 즐거워하여

그의 율법을 주야로 묵상하는도다

그는 시냇가에 심은 나무가

철을 따라 열매를 맺으며

그 잎사귀가 마르지 아니함 같으니

그가 하는 모든 일이 다 형통하리로다

악인들은 그렇지 아니함이여

오직 바람에 나는 겨와 같도다

그러므로 악인들은 심판을 견디지 못하며

죄인들이 의인들의 모임에 들지 못하리로다

무릇 의인들의 길은 여호와께서 인정하시나

악인들의 길은 망하리로다

1

창세기는 성경 전체의 서론 역할을 합니다. 그런 의미에서 우리가 이번 주에 읽게 될 창세기의 내용은 앞으로 다룰 성경의 다른 모든 본문을 이해하는 배경과 틀을 제공합니다.

아담과 하와, 선악과, 아브라함과 이삭의 이야기는 익숙한 만큼이나 본문을 설명하는 해석이 다양하기 때문에 무엇이 바른 해석인지 분별하기 어려울 때가 있죠. 더욱이 창세기 1-3장은 우리가 호기심을 가질 만한 많은 질문에 구체적인 답을 주지 않습니다. 예를 들어, 하나님께서 이 세상을 얼마 만에 창조하셨는지, 왜 사탄이 뱀의 모습을 하고 나타났는지, 아담과 하와가 순간마다 무슨 생각을 하고 있었는지 등은 우리가 알 수 없습니다.

성경은 오히려 창조와 타락을 아주 간략하게 묘사하고 지나갑니다. 우리는 이 점을 받아들이고 존중해야 합니다. 하나님께서는 우리가 알아야 할 것을 알려 주셨지만, 모든 질문에 답이 될 만큼 알려 주시지는 않았죠. 그럼에도 우리가 창세기 1-3장을 바르게 이해하는 일은 매우 중요합니다. 왜냐하면 창조와 타락에 대한 본문이 성경의 다른 모든 것을 이해하는 바탕이 되기 때문입니다.

이번 주에는 창세기 1장에서 24장까지를 통독하면서, 창세기 1-3장의 내용을 성경수업에서 집중하여 살펴보겠습니다.

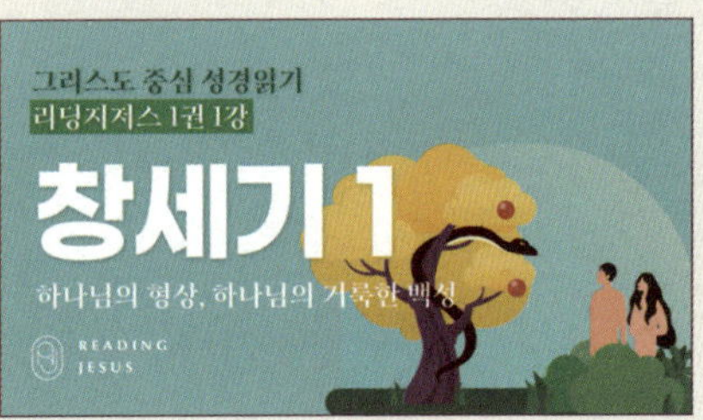

리딩지저스 1권 1강: 창세기 1

QR코드를 찍으면 '창세기 1' 리딩지저스 영상으로 바로 연결됩니다. 또는 유튜브에서 '리딩지저스 창세기 1'을 검색하여 시청할 수 있습니다. '성경읽기'와 '성경공부'를 시작하기 전에 리딩지저스 영상을 시청하면 도움이 됩니다.

QR코드를 찍으면 **리딩지저스 오디오 바이블**로 연결됩니다. 45주 성경통독 일정에 맞추어 제작된 **오디오 바이블**을 통해 매일의 성경통독 분량을 부담 없이 완독할 수 있습니다. 그리스도 중심 성경읽기 《리딩지저스》와 함께하는 성경통독을 통해 하나님과 동행하는 하루하루가 되기를 소망합니다.

이번 주 성경읽기 스케줄

주일	리딩지저스 영상 시청, 성경수업 읽기			
	기본 읽기		핵심 읽기	
월	창 1-4장	완독	창 3장	
화	창 5-8장		창 8장	
수	창 9-12장		창 12장	
목	창 13-16장		창 15장	
금	창 17-20장		창 17장	
토	창 21-24장		창 22장	

1일차 **창조와 타락, 구원 계획의 시작**

기본 읽기 창세기 1-4장
핵심 읽기 창세기 3장

창세기는 '시작의 책'이라고 부를 만합니다. 세상의 시작, 죄의 시작, 이스라엘 민족의 시작 등 모든 '시작'을 담고 있기 때문입니다. 무엇보다 하나님의 구원 계획이 여기서 시작하므로 더 큰 의미가 있습니다. 창세기 1장부터 3장까지에는 창조와 타락이 나옵니다. 하나님이 말씀으로 세상을 지으시고, 흙을 빚어서 자기 형상대로 사람을 만드셨습니다. 하나님 보시기에 참 좋았으나, 사탄이 하나님과 사람 사이를 갈라놓았고, 결국 아담은 죄를 지어 타락합니다. 하나님은 뱀과 하와, 아담을 순서대로 판결하시지만, 장차 올 여자의 후손이 뱀의 머리를 상하게 할 것이라는 약속도 함께 주십니다. 아담의 아들 가인은 동생 아벨을 질투하여 죽이고, 최초의 살인자가 됩니다. 이러한 가운데서도 하나님은 인류를 위한 위대한 계획을 이미 시작하고 계셨습니다.

2일차 **하나님의 심판과 노아**

기본 읽기 창세기 5-8장
핵심 읽기 창세기 8장

창세기 5장은 아담부터 노아까지 이어지는 계보를 소개합니다. 그리고 창세기 6-8장은 온 세상에 사람들의 죄악이 점점 많아지는 것을 보여 줍니다. 하나님이 지으신 만물에 죄가 들어오자 사람들은 급격하게 타락하고, 죄가 온 땅을 뒤덮습니다. 결국 하나님은 세상을 심판하기로 작정하십니다. 단 한 사람, 노아와 그 가족만은 예외였습니다. 하나님은 노아에게 심판 계획을 말씀하시고, 노아 가족과 하나님이 선별한 생물들을 태울 거대한 방주를 지으라고 하십니다. 방주가 완성되자 하나님은 물로 세상을 심판하셨습니다. 홍수는 40일 동안 계속되었고, 비가 그치고 물이 줄어들자 방주는 아라랏 산에 머뭅니다. 노아 가족은 방주에서 나왔고, 제단을 쌓고 하나님께 번제를 드립니다.

기본 읽기 창세기 9-12장
핵심 읽기 창세기 12장

하나님은 노아와 새로 언약을 맺으십니다. 다시는 물로 세상을 심판하지 않겠다는 언약입니다. 인류가 다시 세상에서 번성하자, 여전히 악했던 그들은 하나님과 같아지려는 욕망으로 하늘 높이 탑을 쌓습니다. 하지만 그들의 계획을 하나님은 흩어 버리십니다. 그 가운데 성경의 관심은 우르 땅에 사는 한 노인에게로 옮겨갑니다. 그의 이름은 아브람이었습니다. 하나님은 아브람에게 자신이 지시할 땅으로 가라고 명령하셨고, 아브람은 그 말씀을 따릅니다. 그는 온전히 하나님의 언약을 의지했으나 다듬어져야 할 부분도 많았습니다. 가나안 땅의 기근을 피해 애굽으로 내려갔고, 그 와중에 아내 사래를 누이라고 속이는 바람에 바로에게 아내를 빼앗길 뻔합니다. 하지만 아브람을 복의 근원이 되게 하겠다는 하나님의 계획은 여기서 멈추지 않습니다.

기본 읽기 창세기 13-16장
핵심 읽기 창세기 15장

아브람은 조카 롯과 갈라서지만, 전쟁에 휘말린 롯을 구하기 위해 싸움에도 나섭니다. 하나님은 전장에서 돌아온 아브람에게 그의 자손이 하늘의 별과 같이 많을 것이라는 약속의 말씀을 주십니다. 아브람은 하나님을 믿었고 하나님이 이것을 의로 여기십니다. 하나님은 언약 체결 의식을 통해서 아브라함과의 언약을 반드시 지키겠다고 보증하십니다. 창세기 15장에서 17장까지 13년이 흐릅니다. 하나님과 언약은 맺었으나 아브람에게는 아들이 아직 없었습니다. 아브람은 당시 흔히 하던 방법을 따라 여종을 품어 아들을 봅니다. 그가 이스마엘입니다. 그러나 하나님은 이스마엘을 언약의 자손으로 인정하지 않으셨습니다.

5일차 언약의 표징인 할례와 하나님의 개입

기본 읽기 창세기 17-20장
핵심 읽기 창세기 17장

하나님은 아브람이 99세일 때 다시 나타나셔서 그와 아내의 이름을 '아브라함'과 '사라'로 바꾸고 할례를 명령하셨습니다. 그리고 사라를 통해 아들이 태어나고, 그가 언약을 계승할 것이라고 다시 확실하게 말씀하십니다. 아브라함과 사라는 자신들이 너무 늙었다며 믿지 않았으나, 하나님은 반드시 아들을 주겠다고 약속하십니다. 이 일 후에 죄악이 가득했던 소돔과 고모라는 하나님의 심판으로 멸망하고, 아브라함은 신변의 안전을 위해 아내 사라를 누이라고 속이는 잘못을 재차 범합니다. 이번에도 하나님의 직접적인 개입으로 아브라함과 사라는 보호를 받습니다.

6일차 네 사랑하는 독자 이삭

기본 읽기 창세기 21-24장
핵심 읽기 창세기 22장

하나님의 약속대로 아브라함과 사라 사이에서 아들 이삭이 태어납니다. 이삭을 무시했던 이스마엘은 어미 하갈과 함께 아브라함 집에서 추방되지만, 하나님은 그들에게도 은혜를 베푸십니다. 이제 아브라함에게는 마지막 시험이 찾아옵니다. 하나님은 아브라함이 하나님을 완전히 신뢰하는지 확인하기를 원하셨고, 아브라함은 아들 이삭까지도 아끼지 않을 만큼 신실하게 응답하십니다. 물론 하나님이 실제로 이삭을 제물로 삼으려고 하신 것은 아니었으며, 언약의 계보는 아브라함에서 이삭으로 이어집니다. 사라가 먼저 세상을 떠나고, 아브라함은 사랑하는 아들 이삭이 리브가와 혼례를 올리고 가정을 이루는 모습을 봅니다.

2부
성／경／수／업

하나님의 형상, 하나님의 거룩한 백성

내가 너로 여자와 원수가 되게 하고
네 후손도 여자의 후손과
원수가 되게 하리니
여자의 후손은
네 머리를 상하게 할 것이요
너는 그의 발꿈치를
상하게 할 것이니라 하시고

창세기 3장 15절

새로운 세계의 시작

**창조 사건의
의미**

성경 전체는 하나의 이야기를 들려주는데, 바로 창조부터 새 창조로 이어지는 구속의 드라마입니다. 성경의 첫 문장인 창세기 1장 1절이 "태초에 하나님이 천지를 창조하시니라"로 시작된다는 것은 모두 아실 텐데요. 여기에서 "창조"란 이전에 존재하지 않았던 것을 존재하게 하시는, 오직 하나님만이 하실 수 있는 행위를 말합니다. 이 최초의 창조 행위에 대해 학자들은 '엑스 니힐로(*ex nihilo*) 창조', 무(無)에서의 창조라고 부릅니다.

이 창조 사건에는 시작과 끝이 있습니다. 창세기 1장 1절에서 시작한 내용은 1장 뒷부분에서 마무리되고, 2장부터는 하나님이 일곱째 날에 안식하시는 내용이 나옵니다. 하나님께서 일곱째 날에 하신 안식은 역사가 새로운 시기로 접어드는 출발점입니다. 하나님께서는 근본적으로 새로운 질서의 창조를 마치셨고, 여전히 세상을 다스리시지만, 이제부터는 섭리로 다스리는 것이죠. 여섯째 날로 창조는 끝이 났습니다. 물론 지금도 우리는 새 생명을 존재하게 하시는 하나님의 역사를 목격하고 있고, 이에 대해 다윗은 시편 139편에서 하나님께서 얼마나 신기하고 경이롭게 자신을 모태에서 창조하셨는지에 관해 이야기합니다. 이것도 하나님의 창조라고 할 수 있지만, 최초 엿새 동안의 창조와 동일한 방식이라고는 할 수 없죠. 하나님은 이러한 창조 행위를 하시고 일곱째 날에 안식하십니다. 일곱째 날은 앞선 여섯 날과는 대조적으로 밤과 낮에 대한 언급이 없습니다.

창조 사건에서 우리가 주목해야 할 것은 바로 피조 세계와 그 안의 모든 것과 하나님이 구별된다는 사실입니다. 한때는 말할 필요조차 없을 만큼 당연한 이야기였으나 요즘은 그렇지 않습니다. 왜냐하면 사람들이 세상을 원래 창조된 의도와는 다르게 사용하려고 하기 때문입니다. 예를 들어, 범신론은 세상 전체를 하나님과 동일시하면서 피조물을 숭배하게 합니다. 이를 변형한 다른 주장들도 세상이나 세상에 속한 한 부분을 숭배하도록 유도합니다. 하지만 이것은 분명 창세기 1장이 배제하는 내용입니다. 창조주와 피조물이 구별된다는 것은 우리가 세상을 숭배하지 않아야 하고, 피조물과 그 형상을 예배하지 않아야 함을 의미합니다.

아담의 역할

창조 안에 세우신

하나님 나라

그럼 이제 하나님께서 사람을 어떤 존재로 창조하셨는지 살펴봅시다. 창세기 1장 26절은 하나님의 형상을 따라 사람이 만들어졌다고 말합니다.

> 하나님이 이르시되 우리의 형상을 따라 우리의 모양대로 우리가 사람을 만들고(창세기 1:26)

이를 다른 말로 표현하면, 사람이 하나님의 아들로 지어졌다고 할 수 있습니다. 창세기 5장 1-3절을 보실까요?

> 이것은 아담의 계보를 적은 책이니라 하나님이 사람을 창조하실 때에 하나님의 모양대로 지으시되 남자와 여자를 창조하셨고 그들이 창조되던 날에 하나님이 그들에게 복을 주시고 그들의 이름을 사람이라 일컬으셨더라 아담은 백삼십 세에 자기의 모양 곧 자기의 형상과 같은 아들을 낳아 이름을 셋이라 하였고(창세기 5:1-3)

이 말씀에서 하나님의 형상이 아들 됨과 어떻게 연결되는지 보이십니까? 셋은 아담의 형상으로 지어졌기 때문에 아담의 아들입니다. 아담 역시 마찬가지죠. 그는 하나님의 형상과 모양으로 지어졌고, 따라서 그는 하나님의 아들입니다. 누가복음에 기록된 예수님의 족보에서도 아담을 하나님의 아들이라고 합니다(누가복음 3:38).

그러면 하나님께서 아담을 창조하신 이야기를 더 자세히 살펴봅시다. 창세기 1장 1절-2장 3절이 하나님의 엿새간 창조와 안식에 이르기까지를 보여 준다면, 창세기 2장 4-25절은 엿새간 창조 중에 마지막 날 일어난 사람의 창조를 더 자세히 설명합니다.

창세기 2장 7절은 이렇게 말합니다. "여호와 하나님이 땅의 흙으로 사람을 지으시고 생기를 그 코에 불어 넣으시니 사람이 생령이 되니라." 하나님께서는 사람의 몸을 먼저 만드시고 코에 생기를 불어 넣어 생명을 주셨습니다. 처음에 사람은 영혼이 없는 그저 죽은 것 같은 몸뿐이었으나 하나님께서 코에 생기를 불어 넣으시자 생령이 되었습니다.

이어서 창세기 2장 8절을 보십시오. 하나님께서는 에덴에 동산을 만드시고 사람을 그곳에 두셨습니다. 에덴이라는 이름은 '기쁨', '낙원'이라는 뜻인데, 그곳이 낙원이었음은 보기에 아름답고 먹기에 좋은 나무가 있었다는 사실에서 알 수 있습니다. 그중에서도 가장 중요한 것은 동산 중앙에 있는 생명 나무와 선악을 알게 하는 나무였습니다.

> 여호와 하나님이 그 땅에서 보기에 아름답고 먹기에 좋은 나무가 나게 하시니 동산 가운데에는 생명 나무와 선악을 알게 하는 나무도 있더라(창세기 2:9)

그리고 에덴에서는 생명의 근원이자 자양물로 여겨지는 강이 흘러나왔습니다. 에덴에서 시작된 강은 동산을 적시고 네 갈래로 갈라져 당시에는 아무도 없던 땅을 적시는 네 강으로 흘러갔습니다. 다시 말해 에덴은 세상을 위한 생명의 근원이며, 그 생명은 에덴에서부터 나와 낙원인 동산을 통해 세상에 전해지는 것이었죠.

아담이 살았던 이 동산은 하나님이 거하시는 장소이자 아담과 소통하시는 장소로서, 곧 성전이었습니다. 하나님은 자신의 동산이자 성전인 낙원을 아담에게 맡기셨습니다.

> 여호와 하나님이 그 사람을 이끌어 에덴 동산에 두어 그것을 경작하며 지키게 하시고(창세기 2:15)

여기서 사용된 '경작하다'와 '지키다'라는 동사는 성전을 관리하는 제사장들에게 사용되는 단어입니다. 성경에서 제사장은 하나님과 백성 사이를 중재하는 역할을 하여 하나님 앞에서 백성을 대표합니다. 아담은 독립적 왕이나 주인이 아니라 제사장으로서 동산을 관리해야 했습니다. 즉 하나님의 통치 아래에서 관리했습니다. 하나님은 이 같은 사실을 아담에게 매우 분명하게 알려 주시는데, 선악을 알게 하는 나무에 대한 명령을 통해서 전달됩니다.

> 여호와 하나님이 그 사람에게 명하여 이르시되 동산 각종 나무의 열매는 네가 임의로 먹되 선악을 알게 하는 나무의 열매는 먹지 말라 네가 먹는 날에는 반드시 죽으리라 하시니라(창세기 2:16-17)

선악을 알게 하는 나무가 무엇을 상징하는지는 해석이 분분합니다. 어떤 이들은 이 나무가 선과 악을 모두 포함한 완전한 지식을 상징한다고 생각합니다. 다른 이들은 이 나무가 도덕적 자율성을 상징한다고 봅니다. 하지만 선과 악이라는 도덕적 기준은 하나님께서 결정하는 것이지 우리가 정하는 것이 아닙니다. 다시 말해 이 나무는 창조주 하나님과 그의 피조물인 우리의 차이를 나타냅니다. 하나님께서 이 나무를 통해 아담에게 하신 말씀은 이것이었습니다. "너는 하나님이 아니다. 내가 하나님이다." 그 나무는 창조주이신 하나님의 통치 아래에서 아담이 동산을 관리한다는 사실을 상기시키는 하나님의 방법이었습니다.

우리는 여기서 다름 아닌 '나라'의 개념을 엿볼 수 있습니다. 하나님 형상으로 지어진 하나님의 백성이 있고, 하나님의 거룩한 장소인 동산과 성전인 낙원이 있습니다. 하나님의 통치도 선악을 알게 하는 나무에 대한 명령에서 확인되고, 하나님의 대리자인 하나님의 아들 아담이 있죠. 태초에 하나님은 창조 안에 자신의 나라를 세우셨습니다. 하나님의 백성이 하나님의 처소에 거하며, 하나님을 대리하는 자에 의해 하나님의 통치를 받습니다. 거룩한 백성이 거룩한 장소에 거하며, 거룩한 법으로 거룩한 아들의 다스림을 받습니다. 이 모든 일이 여섯째 날에 일어납니다. 그리고 일곱째 날은 안식일로 영원한 쉼을 상징합니다. 따라서 성경은 새 창조 안에서 안식을 기다리는 하나님의 아들과 그의 신부 아래 있는 하나님 나라를 그리며 시작한다고 할 수 있습니다.

순종에서 의심으로

**타락의
과정**

창세기 1-2장에서 우리는 모든 것이 완벽했던 에덴 동산을 보았습니다. 다시 말해, 하나님이 처음 만드신 세상은 사람이 죄를 지을 만한 이유가 없는 곳이었습니다. 그래서 창세기 3장은 사람이 왜 죄를 짓는지 말해 주지 않습니다. 그 대신 어떻게 죄를 짓게 되는지를 바로 이야기하죠.

창세기 1장이 "태초에 하나님이"라고 시작하는 반면 창세기 3장은 "그런데 뱀은"이라고 시작합니다. 성경은 뱀이 어디서 왔는지 말해 주지 않습니다. 그저 수수께끼로 남겨 놓습니다. 하지만 분명한 것은 악한 영이 뱀의 형체로 등장하고 있다는 점입니다. 이 뱀은 하나님이 선하게 창조하신 모든 것을 망칠 방법을 찾고 있었습니다. 이 뱀은 하나님과는 비교도 안 되는 존재였으나 하나님을 흉내 내며 스스로 하나님처럼 되려고 합니다. 무엇보다 하나님 형상을 따라 지어진 인간을 사탄의 형상으로 바꾸어 놓으려 하죠.

먼저 사탄은 하나님이 창조하신 세상을 이용해 하와를 유혹합니다. 그리고 하나님 말씀을 맥락과는 상관없이 인용하면서 왜곡합니다.

하나님이 참으로 너희에게 동산 모든 나무의 열매를 먹지 말라 하시더냐(창세기 3:1)

아닙니다. 하나님은 그렇게 말씀하지 않으셨죠. "동산 각종 나무의 열매는 네가 임의로 먹되 선악을 알게 하는 나무의 열매는 먹지 말라"라고 말씀하셨습니다. 사탄은 왜곡하는 데서 멈추지 않고 하나님 말씀을 부인합니다. 하나님께서는 선악을 알게 하는 나무의 열매를 먹는 날에 "반드시 죽으리라"라고 말씀하셨지만, 사탄은 하와에게 "너희가 결코 죽지 아니하리라"라고 하면서 하나님을 거짓말쟁이로 만듭니다. 여기서 흥미로운 것은 사탄이 부인하는 첫 교리가 '심판의 교리'라는 점입니다. 하나님이 의로우심과 진실하심으로 율법을 주고 심판하시는 분이라는 사실에 의문을 품게 하죠.

하와는 그 열매를 바라보았습니다. 하나님께서는 그 나무 열매를 먹지 말라고 하셨지만, 하와의 눈은 그 나무 열매가 먹음직하다고 말합니다. 그리고 지혜롭게 할 만큼 탐스럽다고 말합니다. 여기서 하와는 누구를 신뢰할지, 누구의 목소리에 귀 기울일지 선택할 수 있습니다. 하나님의 목소리에 순종할 것인가? 사탄에 반응하는 육신의 목소리에 순종할 것인가? 그 다음 상황은 굳이 말하지 않아도 우리는 잘 알고 있습니다. 하와는 열매를 따 먹고 아담에게도 줍니다. 아담도 먹습니다.

이 일이 일어났을 때, 하와와 함께 있던 아담은 도대체 무엇을 하고 있었나요? 성경은 이렇게 표현합니다.

여자가 그 열매를 따 먹고 자기와 함께 있던 남편에게도 주매(창세기 3:6)

아담은 아내 하와에게 **하나님 말씀을 전하고, 뱀을 꾸짖고 물리쳐야** 했습니다. 전체 피조 세계의 질서는 **그의 책임** 아래에 있었습니다.

아담은 하나님의 진실하심을 변호하고, 하나님 말씀을 아내 하와에게 다시 전하고, 뱀을 꾸짖고 물리쳐야 했습니다. 전체 피조 세계의 질서는 그의 책임 아래에 있었습니다. 그러나 누가 봐도 아담이 한 일은 아무것도 없어 보입니다. 미천한 피조물 형체로 나타난 무언가가 하와에게 명령하고, 하와가 거기에 순종하여 남편을 이끌고 죄에 빠집니다. 이것이 바로 죄가 하는 일입니다. 죄는 모든 것을 뒤집어 놓습니다. 창세기 2장 25절에서 나타난 창조 질서가 타락의 순간에 거꾸로 뒤집힙니다. 죄는 하나님께서 하나로 만드신 것을 나누고, 하나님께서 나누신 것을 하나로 만들어 버립니다.

그들이 죄를 짓자마자 곧바로 죄의 결과가 나타나기 시작합니다. 하나님께서는 "네가 열매를 먹는 날에 반드시 죽으리라"라고 말씀하셨고, 사탄은 이러한 하나님의 심판을 부인했습니다. 그들이 정말 죽었나요? 그렇기도 하고 아니기도 합니다. 성경에서 죽음은 생명의 반대 개념입니다. 존재의 반대 개념이 아닙니다. 그들이 바로 죽지는 않았습니다. 그러나 그들이 누리던 생명의 충만함은 현격히 줄어들었습니다. 죄는 수치심과 두려움을 가져왔고, 속박과 무기력을 가져다줬습니다. 얼마나 모순적입니까? 사탄은 그들이 하나님께 불순종하면 자유와 힘을 갖게 될 것이라고 말했습니다. 그러나 그들이 죄를 짓고 처음 한 행동은 무엇입니까? 무화과나무 잎으로 몸을 가려 숨은 것입니다. 스스로 하나님이 되고자 창조주이신 하나님께 대항하고 전쟁을 선포했지만, 고작 그들의 현실은 서로에게서 숨기 위해 무화과 잎을 엮고자 뛰어다니는 것이었습니다.

뼈아픈 질문과 회피

타락의

결과

하나님께서 평소처럼 그들을 만나시려고 바람이 불 때 동산을 거니셨습니다. 그러나 아담과 하와는 나무 사이에 숨어서 보이지 않았습니다. 그들은 서로에게서 숨었을 뿐 아니라 하나님도 피해서 숨으려 했습니다. 세상에 죄가 들어오자마자 하나님 낯을 피해야겠다는 생각부터 강하게 들었습니다. 세상 그 무엇으로도 끊을 수 없이 견고했던 하나님과 그들의 관계가 이제 산산조각이 난 것입니다.

물론 하나님은 그들에게 무슨 일이 일어났는지 다 아셨습니다. 그러나 무조건 비난하거나 저주하지 않고 남자인 아담에게 물으셨습니다. 대리자의 책임을 아담에게 부여하셨으므로 아담에게 가장 먼저 물으셨습니다. 하지만 엄한 주인이나 나약한 재판관처럼 묻지 않으시고, 오히려 하나님은 온유한 부모처럼 물으십니다. 아담이 자기 죄를 자백할 수 있도록 질문을 하십니다. "그 나무 열매를 네가 먹었니?" 마치 아빠가 귀가했더니 거실 스탠드가 쓰러져 있고 공이 뒹굴고 아이들이 바닥에서 놀고 있는 모습을 보고, "너희들 거실에서 공놀이했니?"라고 묻는 것과 똑같습니다. 몰라서 묻는 것이 아니죠. 잘못을 고백하라고 묻는 겁니다. 하나님은 아담에 이

이 하와에게도 같은 뜻으로 질문하십니다. 하나님의 질문에 대한 아담과 하와의 반응은 놀랍도록 비슷합니다. 남을 탓합니다. 아담은 이렇게 말합니다.

> 하나님이 주셔서 나와 함께 있게 하신 여자 그가 그 나무 열매를 내게 주므로 내가 먹었나이다(창세기 3:12)

히브리어 어순을 보면, 하나님을 가장 먼저 비난합니다. 하와도 마찬가지입니다.

> 뱀이 나를 꾀므로 내가 먹었나이다(창세기 3:13)

변명하고 핑계 대는 것이 타락한 인간의 전형적 모습입니다. 남자는 여자를 비난하고, 여자는 뱀을 비난합니다. 그리고 둘 다 하나님 탓을 합니다. 하나님이 이 여자를 주지 않으셨다면, 하나님이 애초에 뱀을 만들지 않으셨다면 이런 일은 없었을 거라며 자기로 향한 화살을 딴 데로 돌립니다.

추방, 새로운 회복의 시작

자비로운

심판

아담과 하와의 변명을 들은 하나님은 매우 자비로운 판결을 내리십니다. 하나님은 그 자리에서 바로 그들을 없애실 수도 있었습니다. 우리가 하나님이었다면 성경은 창세기 3장에서 끝났을 것입니다. "아담과 하와를 위해 완벽한 세상을 만들었지만, 그들은 죄를 범했고, 나는 그들을 없애 버렸다. 끝." 그러나 하나님은 그렇게 하지 않으셨습니다. 물론 하나님은 심판하셨습니다. 이것은 분명한 사실입니다. 하지만 하나님은 사탄이 왜곡한 것처럼 그렇게 난폭한 주인이 아니십니다. 하나님이 내리시는 판결에는 회복을 위한 치료책이 함께 들어 있습니다.

하나님은 뱀을 먼저 심판하십니다. 사탄은 인간이 하나님 형상이 아니라 사탄 자신의 형상을 따르게 해서 스스로 높아지려 했습니다. 그 결과 사탄과 그 추종자들은 더 비천한 존재로 떨어집니다. 하나님은 뱀에게 "흙을 먹을지니라"라고 심판하십니다. 그리고 하나님은 사탄의 가장 위대한 승리를 뒤집으십니다.

내가 너로 여자와 원수가 되게 하고 네 후손도 여자의 후손과 원수가 되게 하리니 여자의 후손은 네 머리를 상하게 할 것이요 너는 그의 발꿈치를 상하게 할 것이니라 하시고(창세기 3:15)

이제 인류는 사탄과 원수가 되었습니다. 하나님께서 그 둘을 원수가 되게 하셨습니다. 이어서 하나님은 여자를 심판하십니다. 여자에게는 크게 달라지는 것이 없어 보이나 사실은 모든 것이 죄로 인해 틀어집니다. 마치 어떤 걸작이 칼에 베인 것처럼 그림은 그대로이지만 망가져 버린 것입니다. 여자에게 내려진 심판은 남편과의 관계에 관한 것이었습니다. 여기에 임신과 출산에 따르는 고통과 수고가 더해집니다. 그렇지만 그 고통과 수고는 타락한 세상에서 어머니로 살아가는 아픔에 비하면 아주 작은 것에 불과하죠. 하와가 어머니로서 겪은 고통을 생각해 보십시오. 둘째 아들 아벨은 잔인하게 살해당했고, 그 살인자는 심지어 그의 형 가인이었습니다.

하나님은 사탄이 왜곡한 것처럼 난폭한 주인이 아니십니다. 하나님이 내리는 판결에는 **회복을 위한 해결책**이 함께 들어 있습니다.

비록 나중에 셋이라는 아들을 얻지만, 어머니 하와의 마음이 어찌 찢어지지 않았겠습니까? 여자와 마찬가지로 남자에 대한 하나님의 심판도 그 정체성과 연관돼 있습니다. 그의 노동에는 수고와 땀이 빠지지 않게 되었고, 일은 만족스러운 성취가 아니라 힘겨운 고역으로 변했습니다. 인생은 슬픔과 좌절과 고통으로 가득하게 되었습니다. 남자와 여자 모두 존재의 가장 깊은 곳에서부터 고통을 겪는 심판을 받았습니다.

남자와 여자 모두에게 내려진 궁극적 심판은 죽음입니다. 사탄이 했던 거짓말과는 정반대 결과입니다. 사탄은 "너희 눈이 밝아져 하나님과 같이 된다"라고 했습니다. 절대로 죽지 않는 하나님처럼 된다고 했습니다. 하지만 죽음이야말로 두 저주의 핵심입니다. 우리는 흙으로 돌아가야 하며, 언젠가는 사랑하는 이들과 작별해야 합니다. 죽음은 죄가 가져온 고통이 무엇인지 생생하게 보여 줍니다. 아담과 하와는 에덴 동산에서 쫓겨났고, 생명을 주시는 하나님과 교제하는 특권을 빼앗깁니다. 그들은 생명 나무의 열매를 더는 먹을 수 없고, 하나님과 영원히 대립하며 살아갑니다. 에덴 동산에서 누렸던 삶은 이제 존재하지 않습니다.

하나님은 그들이 돌아오지 못하도록 그룹과 불 칼을 두어 에덴 동산을 지키게 하십니다. 부정한 출입을 금하십니다. 그때부터 인간이 하나님께 나아가는 길은 구약성경 내내 까다롭고 어려워졌습니다. 성전 지성소에는 대제사장만 들어갈 수 있었습니다. 그것도 일 년에 단 한 번, 속죄일에 드린 제물의 피로 보호를 받아야만 가능했습니다. 심지어 하나님의 임재를 상징하는 언약궤도 금으로 만든 그룹 둘의 날개 아래 두어 분명하게 구별했습니다. 이 모두가 하나님께 나아가는 길이 거저 주어지는 쉬운 길이 아님을 상기시켰습니다. 이처럼 죄는 모든 것을 훨씬 복잡하고 어렵게 만들었습니다. 그리고 이 모든 것이 아담의 타락에서 출발합니다. 하지만 하나님은 잃어버린 이 모든 것을 회복하겠다고 약속하십니다. 엄청난 대가를 치르더라도 꼭 이루겠다고 약속하십니다. 하지만 이 언약의 성취는 성경 이야기 후반부에 가서야 이루어집니다.

리딩지저스
: 그리스도 중심으로 읽는 창세기 1

창세기 3장 15절은 씨앗 형태의 복음입니다. "내가 너로 여자와 원수가 되게 하고 네 후손도 여자의 후손과 원수가 되게 하리니 여자의 후손은 네 머리를 상하게 할 것이요 너는 그의 발꿈치를 상하게 할 것이니라." 구원을 위해 아담과 하와에게 필요했던 모든 것이 이 씨앗 안에, 즉 장차 오셔서 뱀의 머리를 상하게 할 여자의 후손에 대한 약속 안에 들어 있습니다. 이 약속의 말씀에는 하나님이 역사 속에서 이루실 구속 사역에 대한 모든 중요한 내용이 담겨 있습니다. 여자의 후손이 훗날 역사 속에 등장합니다. 그 후손은 뱀의 후손과 전쟁을 치릅니다.

약속된 아들은 하나님의 대적과 싸워 그를 무너뜨릴 것입니다. 하나님의 첫 번째 아들인 아담은 뱀을 꾸짖는 일에 실패했지만, 약속된 아들은 뱀을 꾸짖을 것입니다. 또한 아담은 벌거벗은 채 나무 옆에 서서 뱀의 머리를 박살내는 데 실패했지만, 약속된 아들은 벌거벗은 채 나무에 달리지만 뱀의 머리를 결국 박살 낼 것입니다. 그렇게 함으로써 여자의 후손인 약속된 아들은 첫 번째 아들이 잃었던 모든 것을 회복할 것입니다.

3부
성 / 경 / 나 / 눔

성경은 "태초에 하나님이 천지를 창조하시니라"(창세기 1:1)로 시작합니다. 창조 사건에서 우리가 특히 주목해야 할 것은 피조 세계와 그 안의 모든 것이 창조주 하나님과 구별된다는 것입니다. 이 세상은 끊임없이 피조물을 숭배하라고 우리를 이끌지만, 오직 창조주 하나님만이 예배받으시기에 합당하다는 사실을 우리는 기억해야 합니다.

하나님께서 자신의 형상대로 사람을 지으셨는데, 우리는 성경의 여러 본문을 통해 하나님 형상대로 지어진 아담이 하나님의 아들 신분을 부여받았음을 알 수 있습니다. 그러고는 그에게 지켜야 할 단 하나의 율법을 주십니다. "동산 각종 나무의 열매는 네가 임의로 먹되 선악을 알게 하는 나무의 열매는 먹지 말라 네가 먹는 날에는 반드시 죽으리라"(창세기 2:16-17). 이 나무는 창조주 하나님의 통치 아래 아담이 있음을 잊지 않게 하려는 하나님의 방법이었습니다. 이 명령에 대한 순종은 하나님을 창조주이자 주권자로 인정한다는 것입니다. 우리는 여기서 다름 아닌 '나라'의 개념을 확인할 수 있습니다. 하나님의 형상으로 지어진 하나님 백성이 있고,

하나님의 거룩한 장소인 동산과 성전인 낙원이 있습니다. 선악을 알게 하는 나무에 대한 명령을 통해 하나님의 통치가 확인되고, 하나님의 대리자이자 하나님의 아들인 아담을 통해 하나님의 백성을 보는 것이죠. 태초에 하나님은 창조 안에 자신의 나라를 세우셨습니다.

창세기 3장에 뱀의 모습으로 등장하는 사탄은 하와를 유혹하려고 하나님 말씀을 왜곡하고 부인하는 방법을 사용합니다. 하와는 하나님 목소리에 순종하지 않고, 사탄에 반응하는 자기 목소리를 따라서 선악을 알게 하는 나무의 열매를 따 먹습니다. 그 열매를 함께 있던 남편에게도 주었고, 아담도 먹습니다. 사탄은 그 열매를 먹으면 하나님같이 될 것이라고 했지만, 아담과 하와가 죄를 짓고 처음 한 행동은 무화과 잎을 엮어 몸을 가리고 숨는 것이었습니다. 하나님은 그들에게 무슨 일이 일어났는지 다 아셨습니다. 그러나 무조건 비난하거나 저주하지 않으시고 온유한 부모처럼 아담에게 물으십니다. 죄를 자백하도록 질문을 하시죠. 그러나 아담과 하와는 서로 비난하고 하나님을 탓합니다. 하나님은 뱀, 하와, 아담순으로 심판하셨습니다. 하나님이 내리시는 판결에는 회복을 위한 치료책이 함께 들어 있었습니다. "내가 너로 여자와 원수가 되게 하고 네 후손도 여자의 후손과 원수가 되게 하리니 여자의 후손은 네 머리를 상하게 할 것이요 너는 그의 발꿈치를 상하게 할 것이니라"(창세기 3:15). 이 약속의 말씀에는 하나님이 역사 속에서 이루실 구속 사역에 대한 모든 중요한 내용이 담겨 있습니다. 장차 올 여자의 후손은 부상을 입지만 뱀의 머리를 박살 내어 결국은 승리할 것입니다. 하나님은 아담이 잃었던 모든 것을 여자의 후손을 통해 회복하겠다는 약속을 주셨습니다.

❶ "태초에 하나님이 (　　　)를 (　　　)하시니라"(창세기 1:1)
여기에서 창조란, 이전에 존재하지 않았던 것을 존재하게 하시는, 오직
(　　　　)만이 하실 수 있는 행위를 말합니다. (성경수업 Lesson 1)

❷ "여호와 하나님이 땅의 흙으로 (　　　)을 지으시고 생기를 그 코에 불어
넣으시니 (　　　)이 생령이 되니라"(창세기 2:7)
하나님께서는 사람의 몸을 먼저 만드시고 그 코에 생기를 불어 넣어 생
명을 주셨습니다. 처음에 사람은 영혼이 없는 그저 죽은 것 같은 몸뿐
이었으나 하나님께서 코에 생기를 불어 넣으시자 생령이 되었습니다.
(성경수업 Lesson 2)

❸ (　　　)는 모든 것을 뒤집어 놓습니다. 창세기 2장 25절에서 나타난 창조
질서가 타락의 순간에 거꾸로 뒤집힙니다. (　　　)는 하나님께서 하나로
만드신 것을 나누고, 하나님께서 나누신 것을 하나로 만들어 버립니다.
(성경수업 Lesson 3)

❹ 성경에서 (   )은 생명의 반대 개념입니다. 존재의 반대 개념이 아닙니다. 그들이 바로 죽지는 않았습니다. 그러나 그들이 누리던 생명의 충만함은 현격히 줄어들었습니다. (   )는 수치심과 두려움을 가져왔고, 속박과 무기력을 가져다줬습니다. (성경수업 Lesson 3)

❺ 하나님은 사탄이 왜곡한 것처럼 그렇게 난폭한 주인이 아니십니다. 하나님이 내리시는 판결에는 (   )을 위한 치료책이 함께 들어 있습니다.
(성경수업 Lesson 5)

❻ "내가 너로 (   )와 원수가 되게 하고 네 후손도 여자의 후손과 원수가 되게 하리니 (   )은 네 머리를 상하게 할 것이요 너는 그의 발꿈치를 상하게 할 것이니라"(창세기 3:15)
창세기 3장 15절은 씨앗 형태의 복음입니다. 구원을 위해 아담과 하와가 필요했던 모든 것이 이 씨앗의 약속 안에 들어 있습니다. (성경수업 리딩지저스)

정답

1. 천지, 창조, 하나님 2. 사람, 사람 3. 죄, 죄 4. 죽음, 죄 5. 회복 6. 여자, 여자의 후손

❶ 하나님은 "선악을 알게 하는 나무의 열매를 먹는 날에는 반드시 죽으리라"라고 말씀하셨습니다. 아담과 하와는 하나님의 소리와 자기 욕망의 소리 중에 무엇을 선택했나요?

❷ 뱀의 모습으로 에덴동산에 나타난 사탄은 아담과 하와를 유혹합니다. 세상의 많은 것들이 이처럼 끊임없이 하나님의 말씀에 불순종하도록 우리를 유혹합니다. 하나님께 집중하지 못하도록 유혹하는 것에는 무엇이 있나요? (유혹의 예: 돈, 명예, 권력, 안락, 자존심, 쾌락, 비교, 외모 등)

❸   세상의 유혹 앞에서 성도는 어떤 태도를 취해야 할까요? 그렇게 하기 위해
    나는 어떤 결단을 해야 할까요?

❶ 성경 말씀에 기초해, 찬양과 감사의 기도를 드립니다.

내가 너로 여자와 원수가 되게 하고

네 후손도 여자의 후손과 원수가 되게 하리니

여자의 후손은 네 머리를 상하게 할 것이요

너는 그의 발꿈치를 상하게 할 것이니라 하시고

창세기 3:15

❷ 일상의 변화를 소망하며, 회개와 결단의 기도를 드립니다.

❸ 서로를 위해, 또 교회를 위해 기도합니다.

시편 8편

여호와 우리 주여

주의 이름이 온 땅에 어찌 그리 아름다운지요

주의 영광이 하늘을 덮었나이다

주의 대적으로 말미암아

어린아이들과 젖먹이들의 입으로 권능을 세우심이여

이는 원수들과 보복자들을 잠잠하게 하려 하심이니이다

주의 손가락으로 만드신 주의 하늘과

주께서 베풀어 두신 달과 별들을 내가 보오니

사람이 무엇이기에 주께서 그를 생각하시며

인자가 무엇이기에 주께서 그를 돌보시나이까

그를 하나님보다 조금 못하게 하시고

영화와 존귀로 관을 씌우셨나이다

주의 손으로 만드신 것을 다스리게 하시고

만물을 그의 발 아래 두셨으니

곧 모든 소와 양과 들짐승이며

공중의 새와 바다의 물고기와

바닷길에 다니는 것이니이다

여호와 우리 주여

주의 이름이 온 땅에 어찌 그리 아름다운지요

2

창세기 2

구약성경 이야기는 단순히 일어날 법한 일을 상상해서 쓴 소설이 아닙니다. 아브라함과 이삭, 야곱과 요셉 등은 시공간 안에 존재했던 실제 인물들입니다. 하나님은 역사 속에서 그들에게 나타나셨고 말씀하셨습니다. 그리고 창세기 3장 15절에 약속하신 대로 아담의 후손, 특히 셋의 계보를 따라 구속 사역을 점차 펼쳐 나가십니다.

창세기 4장 이후부터 바벨탑 사건에 이르기까지 우리는 죄가 점점 확산되는 모습을 보게 됩니다. 그들이 지은 죄에 상응하는 전 우주적 심판도 일어나죠. 그러는 가운데 성경은 한 사람에게 관심을 기울입니다. 하나님은 한 사람을 선택해 부르셔서 그 사람 안에서 모든 민족이 복을 받도록 하십니다. 그가 바로 아브라함입니다.

아브라함 이야기의 대부분을 이미 지난주에 읽었을 것입니다. 하나님이 아브라함과 맺으신 언약은 구약성경에서 나아가 성경 전체를 이해하는 데 매우 중요합니다. 따라서 이번 성경수업에서 다시 그 의미를 자세히 살펴보겠습니다. 성경읽기에서는 아브라함의 죽음 이후 이어지는 그의 후손들의 이야기를 읽게 될 것입니다.

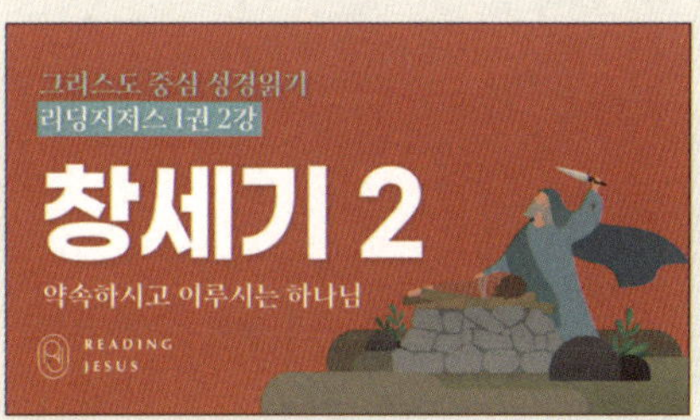

리딩지저스 1권 2강: 창세기 2

QR코드를 찍으면 '창세기 2' 리딩지저스 영상으로 바로 연결됩니다. 또는 유튜브에서 '리딩지저스 창세기 2'를 검색하여 시청할 수 있습니다. '성경읽기'와 '성경공부'를 시작하기 전에 리딩지저스 영상을 시청하면 도움이 됩니다. 

QR코드를 찍으면 **리딩지저스 오디오 바이블**로 연결됩니다. 45주 성경통독 일정에 맞추어 제작된 **오디오 바이블**을 통해 매일의 성경통독 분량을 부담 없이 완독할 수 있습니다. 그리스도 중심 성경읽기 《리딩지저스》와 함께하는 성경통독을 통해 하나님과 동행하는 하루하루가 되기를 소망합니다.

이번 주 성경읽기 스케줄

주일	리딩지저스 영상 시청, 성경수업 읽기			
	기본 읽기		핵심 읽기	
월	창 25-28장	완독	창 28장	
화	창 29-32장		창 32장	
수	창 33-36장		창 35장	
목	창 37-40장		창 39장	
금	창 41-45장		창 45장	
토	창 46-50장		창 49장	

1일차 **모자라고 부족해도 들어 쓰시는 하나님**

기본 읽기 창세기 25-28장
핵심 읽기 창세기 28장

아브라함은 죽음을 맞이하고, 막벨라 굴에 장사됩니다. 이삭은 에서와 야곱 두 아들을 얻고, 하나님과의 언약은 또 따른 계승을 준비합니다. 이삭 이야기는 성경에 그리 길게 나오지 않습니다. 이삭은 아버지 아브라함이 했던 실수를 똑같이 반복하여 아내 리브가를 누이로 속이기도 하지만, 언약의 땅을 떠나지는 않습니다. 지역민의 텃세에도 불구하고 우물을 세 개까지 파는 끈기를 보여 주며 언약을 향한 믿음을 붙듭니다. 하지만 이삭은 하나님이 둘째인 야곱을 선택하신 줄 몰랐고, 자신이 더 사랑하는 첫째 에서에게 족장 자리를 물려주려 했습니다. 리브가는 야곱이 족장을 계승하기를 원했고, 인간적인 속임수를 사용합니다. 장자의 축복을 가로챈 야곱은 형의 보복이 두려워 외삼촌 집으로 피신하던 길에 유숙하게 됩니다. 그날 하나님은 꿈속에서 야곱을 만나 주시고, 아브라함에게 한 약속이 야곱을 통해 이루어질 것을 알려 주십니다. 야곱은 하나님이 자신과 함께 계시다는 것을 알게 되고, 그곳을 '벧엘'이라 부릅니다.

2일차 **야곱에서 이스라엘로**

기본 읽기 창세기 29-32장
핵심 읽기 창세기 32장

외삼촌 라반의 집에서 살게 된 야곱은 거기서 부인 둘을 얻고 자손을 보게 됩니다. 하나님은 야곱의 그 연약함마저 사용하여 언약을 성취하기 시작하십니다. 하나님은 야곱에게 벧엘에서 했던 약속을 상기시키시고, 출생지로 돌아가라고 말씀하십니다. 그길로 야곱은 외삼촌의 집을 떠나 가나안 땅으로 향합니다. 이 과정에서 하나님은 야곱이 라반과 평화롭게 헤어질 수 있도록 은혜를 베푸십니다. 야곱은 자기를 죽이려 했던 형 에서를 마주하기 전에 나름대로 꾀를 내어 전략을 세웠지만, 에서가 사백 명의 사병을 이끌고 달려오고 있다는 소식을 듣습니다. 두려움 가운데 하나님의 천사와 밤새 씨름한 야곱은 천사에게서 '이스라엘', 하나님과 겨루어 이긴 사람이라는 새 이름을 얻습니다.

기본 읽기 창세기 33-36장
핵심 읽기 창세기 35장

야곱은 형 에서를 만나 화해를 하고, 평안히 가나안 땅 세겜 성읍에 이르러 장막을 칩니다. 그리고 제단을 쌓고, 그 제단을 "엘 엘로헤 이스라엘", '하나님, 곧 이스라엘의 하나님'이라고 이름 붙입니다. 그러나 야곱의 평안은 그리 오래가지 않습니다. 야곱의 딸 디나가 세겜에서 강간을 당하고, 이를 분하게 여긴 야곱의 두 아들 시므온과 레위가 사악한 계략으로 세겜 사람을 몰살하는 사건이 터집니다. 위기의 때에 야곱에게 나타나신 하나님은 그에게 벧엘로 올라가서 제단을 쌓으라고 하시고, 그의 할아버지와 아버지와 맺었던 언약을 그곳에서 재확인해 주십니다.

4일차 꿈꾸는 사람, 요셉

기본 읽기 창세기 37-40장
핵심 읽기 창세기 39장

성경의 관심은 야곱의 열한 번째 아들이자, 야곱이 가장 사랑한 아내 라헬의 첫째 아들인 요셉에게로 옮겨 갑니다. 요셉은 아버지의 지극한 사랑을 받았고, 어느 날 희한한 꿈 이야기를 합니다. 이런 상황은 형들의 질투를 불러일으킵니다. 야곱의 요청으로, 양 떼를 치던 형들 소식을 알아보러 갔던 요셉은 형들의 미움을 받아 애굽에 노예로 팔려갑니다. 요셉은 범사를 형통하게 하시는 하나님의 은혜로 애굽에서 주인집 가정 총무가 됩니다. 하지만 주인 아내의 유혹을 거절했다가 누명을 쓰고 감옥에 갇힙니다. 감옥에서 요셉은 바로의 두 관원이 꾼 꿈을 해석해 주기도 하지만 요셉의 시련은 끝나지 않습니다.

기본 읽기 창세기 41-45장
핵심 읽기 창세기 45장

바로가 괴상한 꿈을 꾸었는데 아무도 그 꿈을 해석하지 못합니다. 마침 감옥에서 풀려난 술 맡은 관원이 자기 꿈을 해석했던 요셉을 떠올리고 바로에게 천거합니다. 요셉은 바로의 꿈을 해석합니다. 그 꿈은 7년간 풍년이 이어지고 그 후 7년간 기근이 이어진다는 내용이었습니다. 대비책을 제안한 요셉은 애굽 총리가 됩니다. 실제로 기근이 들자 가나안 땅에 거주하던 야곱이 식량을 구하기 위해 아들들을 애굽에 보내고, 의도치 않게 요셉은 형들과 재회합니다. 예전과는 달라진 형들을 확인한 요셉은 형들에게 자기 정체를 밝히고 아버지를 모셔 오라고 부탁합니다. 이렇게 요셉은 많은 이들의 생명을 구하며 복의 통로가 됩니다.

기본 읽기 창세기 46-50장
핵심 읽기 창세기 49장

죽은 줄 알았던 아들 요셉이 애굽의 총리가 되었다는 소식을 들은 야곱은 가족을 이끌고 애굽으로 향합니다. 하나님은 야곱에게 애굽에서 네 자손이 큰 민족이 되게 하겠고, 요셉이 너의 눈을 직접 감길 것이라고 말씀하십니다. 야곱 일가는 목축에 적합한 땅을 거주지로 받고 자리를 잡습니다. 야곱은 죽을 때가 되자, 모든 아들을 부르고 축복합니다. 요셉의 아들인 므낫세와 에브라임도 아들로 대우해 축복한 다음, 야곱은 파란만장했던 생을 마감합니다. 야곱이 죽은 후에 요셉에게 보복당할까 두려워하는 형들에게 그는 끝까지 형들을 돌보겠다고 약속했고, 세월이 흘러 요셉 역시 죽음을 마주하게 됩니다. 요셉은 자기의 시신을 하나님께서 아브라함과 이삭과 야곱에게 주기로 맹세한 땅을 주실 때에 거기에 묻으라고 당부합니다. 이렇듯 창세기의 이야기는 그 시선을 앞으로 펼쳐질 이야기를 향하며 끝이 납니다.

약속하시고
이루시는
하나님

여호와께서 이르시기를
내가 나를 가리켜 맹세하노니
네가 이같이 행하여
네 아들 네 독자도 아끼지 아니하였은즉
내가 네게 큰 복을 주고
네 씨가 크게 번성하여
하늘의 별과 같고 바닷가의
모래와 같게 하리니
네 씨가 그 대적의 성문을 차지하리라
또 네 씨로 말미암아
천하 만민이 복을 받으리니
이는 네가 나의 말을 준행하였음이니라

창세기 22장 16-18절

   확산하는 죄의 영향력

창세기 4장은 에덴 동산에서 쫓겨난 아담과 하와의 삶을 들여다보며 시작합니다. 에덴 동산 안에서 저주가 선언되고 죄의 심판이 이론적으로 이루어졌다면, 그 밖에서는 죄의 영향력이 실제로 나타납니다. 하와는 두 아들을 낳는데 이들의 이름은 가인과 아벨입니다. 하와가 가인을 낳고는 매우 기뻐합니다.

내가 여호와로 말미암아 득남하였다(창세기 4:1)

하와는 가인을 언약의 후손이라고 생각했을지 모릅니다. 반면, 아벨이 태어났을 때는 기뻐했다는 말이 없습니다. 성경은 이렇게 말할 뿐입니다.

그가 또 가인의 아우 아벨을 낳았는데(창세기 4:2)

그러나 하나님의 생각은 달랐습니다. 하나님은 동생 아벨의 제물은 받으셨지만, 형 가인의 제물은 받지 않으셨습니다.

하나님은 왜 아벨의 제물만 받으시고 가인의 제물은 받지 않으셨을까요? 여러 해석이 있으나 히브리어로 보면 가인과 아벨 둘 다 분명히 하나님을 왕으로 인정하는 예물로 제물을 드렸습니다. 다른 점은 가인이 "땅의 소산으로 제물을 삼아" 드린 반면, 아벨은 "자기 양의 첫 새끼와 그 기름"을 드렸다는 것입니다. 우리는 가인과 아벨의 마음 자세가 다르다는 것을 알 수 있습니다. 하나님은 단순히 아벨이 드린 제물이 아니라 아벨 자체를 기쁘게 받으셨습니다. 히브리서 저자는 아벨이 믿음으로 제사를 드렸다고 기록합니다. 반면에 가인은 그저 종교적 행위를 했을 뿐입니다. 이를 어떻게 알 수 있을까요? 하나님이 가인의 제물을 받지 않으셨을 때 그의 반응을 기억하시나요?

가인이 몹시 분하여 안색이 변하니(창세기 4:5)

가인은 하나님이 자신의 제물을 받지 않자 몹시 분했습니다. 가인은 '내가 어떻게 변해야 하나님께서 내 제물을 받으실까?'라고 자신에게 묻지 않았습니다. 오히려 하나님을, 자기가 제물을 바치면 당연히 받아야 하는 존재라고 여겼습니다. 가인은 하나님을, 인간이 종교적 행위를 하면 당연히 보상해 줘야 하는 분, 인간이 원하는 바를 얻기 위해 뇌물로 살 수 있는 분이라고 자기 멋대로 규정했습니다.

여기서 놀라운 사실은 대다수 사람이 "왜 하나님이 가인의 제물을 안 받으셨지?"라고 묻는다는 것입니다. 사실 우리가 진짜 해야 하는 질문은 "왜 아벨의 제물은 받으셨을까?"입니다. 이 두 질문은 상반된 두 태도를 반영합니다. 곧 '자기의'(self-justification)와 '은혜'(grace)입니다. '자기의'는 우리가 무엇을 드리든 하나님께서 받으셔야 한다고 생각하는 것입니다.

예물을 바치는 우리 태도가 성의 없고 불량할 때조차도 하나님이 그러셔야 한다고 은근히 짐작합니다. 하지만 '은혜'는 자신이 드리는 최고의 예물일지라도 거룩한 하나님이 받으시기에는 변변찮음을 깨닫고, 보잘것없는 예물을 받아 주시는 하나님께 감격하는 것입니다.

가인에게는 돌이킬 기회가 있었습니다. 하나님은 가인에게 다시 한번 기회를 주십니다. 하지만 죄의 영향력이 얼마나 강해졌는지 보십시오. 하나님을 하나님으로 인정하지 않으면 무엇이든 자기 원하는 대로 하게 됩니다. 우리가 스스로 선악을 결정할 수 있다면, 누가 살인을 잘못된 행동이라고 하겠습니까? 하나님은 아담에게 하셨듯이 가인에게도 물으십니다.

네 아우 아벨이 어디 있느냐(창세기 4:9)

그러자 가인은 거짓말을 하고 책임을 회피합니다.

내가 알지 못하나이다 내가 내 아우를 지키는 자이니까(창세기 4:9)

이제 가인은 하나님의 심판을 피할 수 없습니다. 사탄은 심판을 부인했으나, 심판의 교리는 누구도 피하거나 부인할 수 없습니다. 하지만 이런 순간에도 하나님은 죄인에게 은혜를 베푸십니다. 믿음이 없는 살인자라 할지라도 무차별한 보복에서 보호하심으로써 가인은 남은 생애 최소한의 안전을 보장받으며 살아갑니다.

이어지는 창세기 내용은 하나님을 하나님으로 인정하지 않고 자기 자신을 높이는 죄의 본성이 세상에 점점 더 퍼져 나가는 모습을 보여 줍니다. 가인의 후손들은 자기 성읍에서 점점 강해져서 부유하고 풍요로운 생활을 누리지만 동시에 도덕적으로 타락합니다. 타락은 라멕 시대에 최고조에 이릅니다. 성적 문란함과 폭력이 가득했고, 타락을 칭송하는 노래가 만연합니다. 라멕은 가인에 대한 심판을 보류하신 하나님의 자비하심을 왜곡해서 자신의 무분별하고 사적인 복수를 정당화하는 데 사용합니다. 또한, 노아 시대에는 더 나빠질 수 없는 최악의 상황이 벌어집니다. 사람들은 그들 눈에 보암직한 것을 마음대로 취했고(창세기 6:2), 사람의 죄악이 온 땅에 가득했습니다(창세기 6:5). 죄의 전면적 확산은 이 땅의 모든 생명을 쓸어버리는 홍수 심판으로 이어집니다. 죄가 세상에 들어와 모든 생명에 영향을 주었듯이 이제 이 땅의 모든 생명이 죽음을 경험합니다.

홍수 사건 이후 노아의 세 아들 셈, 함, 야벳의 자손은 생육하고 번성하여 땅에 충만합니다. 그러나 인간이 번성하고 충만할수록 타락한 죄의 본성이 늘 따라다녔습니다. 그 결과, 인류는 바벨탑 사건을 맞이합니다. 바벨탑은 평범한 탑이 아니라 신전이었습니다. 고대 근동에서 신들이 거하는 곳은 산이었습니다. 신들을 만나고 싶으면 산으로 올라가야 했습니다. 그런데 바벨론은 평지였습니다. 산이 없으면 어떻게 해야 할까요? 그들은 '뭐가 문제야. 산은 만들면 되지'라며, 오르기 쉬운 계단 형태로 거대한 피라미드를 짓습니다. 어떤 의미에서 이것은 스스로 에덴 동산을 흉내 낸 것이라고 할 수 있습니다. 이들은 자신들의 노력과 기술을 사용해 하나님에게 이르러 했습니다. 죄의 영향력은 갈 데까지 갔고, 인간들은 잘못된 방법과 어긋난 위치에서 스스로 하나님을 찾으려 몸부림쳤습니다. 끝끝내 자기들 이름을 높이려 했습니다. 하나님을 거스르는 자들은 하나님을 하나님으로 인정하지 않습니다.

아브라함을 부르심

**인류의
새로운 출발**

창세기의 족보들은 새 출발을 의미합니다. 창세기 11장 10-26절에 나오는 셈 후손의 계보도 마찬가지입니다. 이제 셈에서 시작해 에벨과 벨렉으로 이어지는 후손들이 앞으로 이어질 성경 이야기의 초점입니다. 우리는 족보가 나오면 흔히 건너뛰고 그다음에 나오는 흥미진진한 이야기부터 읽으려 합니다. 하지만 창세기 11장 26-27절의 내용은 아브라함의 부르심과 그 후에 이어지는 이야기의 핵심 배경입니다. 하나님은 이미 오래전부터 아브라함과 그의 아내 사라를 준비시키셨습니다. 아브라함은 아버지 데라와 함께 가나안 땅으로 가다가, 무슨 이유인지는 몰라도 도중에 멈춰 하란에 정착합니다. 하지만 이미 아브라함 마음속에는 가나안 땅으로 가야 한다는 생각이 심겨 있었습니다. 아내 사라 역시 믿음의 여인들이 거쳐 가는 역경의 훈련을 통해 빚어지고 있었습니다. 창세기 11장 30절에서는 사라가 임신하지 못했고, 혹시 우리가 놓치고 지나갔을까 봐 "자식이 없었더라"라고 재차 강조합니다.

하나님께서는 아브람과 그의 아내를 이렇게 준비시킨 후 아브람을 부르십니다. 그때까지 아브라함의 이름은 아브람이었습니다. 하나님이 아브람에게 말씀하십니다.

> 너는 너의 고향과 친척과 아버지의 집을 떠나 내가 네게 보여 줄 땅으로 가라(창세기 12:1)

그리고 하나님은 그에게 복을 약속하십니다.

> 내가 너로 큰 민족을 이루고 네게 복을 주어 네 이름을 창대하게 하리니 너는 복이 될지라 너를 축복하는 자에게는 내가 복을 내리고 너를 저주하는 자에게는 내가 저주하리니 땅의 모든 족속이 너로 말미암아 복을 얻을 것이라(창세기 12:2-3)

하나님이 말씀하시자 아브람은 그대로 떠났습니다. 창세기 12장의 이 사건은 인류의 새로운 출발이라 해도 과언이 아닙니다. 창세기 11장까지 우리는 에덴 동산에서 시작된 죄의 영향력이 쉬지 않고 퍼져 나가는 충격적인 모습을 보았습니다. 하지만 이제 하나님은 그분의 백성을 다시 창조하기 시작하십니다. 하나님은 아브람을 축복하시고 그를 빛나는 복의 근원으로 삼으셨습니다. 바벨탑을 짓던 무리가 자기 힘으로 이루려다 실패한 일, 곧 성읍을 쌓아 자기들의 이름을 높이려 했던 그 일을 하나님이 직접 아브람에게서 이루실 것입니다. 하나님은 그를 큰 민족이 되게 하시고, 그의 이름을 창대하게 하실 것입니다. 그리고 온 세상에 복을 주고자 하셨던 하나님의 원래 계획을 아브람의 순종을 통해 비로소 성취하실 것입니다.

아브람은 약속의 땅으로 가는 동안 머무는 곳마다 제단을 쌓고 여호와

아브람은 기근이 들자 약속의 땅을 벗어나 애굽으로 내려갑니다. 그의 거짓말로 아내 사래마저 애굽 왕에게 붙들립니다. 그런데도 **하나님의 계획**은 꺾이지 않습니다.

의 이름을 불렀습니다. 제단을 쌓은 아브람의 행위는 머무른 그곳이 여호와에게 속한 땅이라는 선포였습니다. 이것은 창세기 4장 26절에서 셋의 후손이 여호와의 이름을 부르기 시작한 이후부터 하나님께 속한 자들이 늘 해 오던 일이었습니다.

하지만 아브람은 하나님께 순종하고 믿음으로 약속의 땅에 들어가자마자 기근 때문에 그 땅에서 나옵니다. 아브람은 하나님께서 약속하신 땅으로 들어가면서 젖과 꿀이 흐르는 풍요함을 기대하지 않았을까요? 그런데 그 땅에 장막을 치자마자 몇 안 되는 식구조차 먹고살 수 없는 땅이라는 것을 알게 됩니다. 하나님이 주신 비전을 바라보는 아브람의 믿음은 시험대에 놓이고 그는 흔들립니다. 기근을 피해 애굽으로 내려가는 결정은 논리적으로는 타당했으나 현명한 선택은 아니었습니다. 아브람은 비록 잠깐이지만 약속의 땅에 대한 소유권을 포기하려 했을 뿐만 아니라, 아내 사래를 누이라고 속이면서 약속의 자손들을 위기로 몰아넣습니다. 아브람은 자기가 섬기는 하나님이 자기가 마주한 문제보다 더 크신 분이라는 사실을 잊었습니다. 이제 아브람은 약속의 땅을 벗어났고, 사래는 애굽 왕에게 붙들려 후궁이 될 상황에 놓입니다. 아브람은 모든 민족의 복이 되기는커녕 그의 계략으로 하나님의 계획이 거의 수포가 될 지경입니다. 애굽에서 벌어진 사건은 하나님의 약속 성취와는 정반대 방향으로 흘러갑니다.

하지만 아브람을 복의 근원이 되게 하시겠다는 하나님의 계획은 꺾이지 않습니다. 온 세상을 순식간에 존재케 하신 하나님은 자신이 택한 사람이 실수했다고 해서 실패하는 분이 아닙니다. 아브람이 지은 죄도 하나님이 그 뜻을 성취하는 데 걸림돌이 될 수 없었습니다. 하나님은 바로에게 재앙을 내려 사래를 보호하고는 아브람을 약속의 땅으로 돌려보내십니다. 이처럼 우리는 성경 이야기의 첫 부분부터 하나님의 택하심이 인간의 공로에 있지 않음을 분명히 알 수 있습니다. 아브람과 같은 믿음의 영웅들도 마찬가지였습니다.

      종주권 조약

창세기

15장

창세기 15장에서 아브람은 다시 한번 하나님의 약속을 듣습니다. 하나님은 약속을 새롭게 하면서 아브람의 자손이 하늘의 뭇별처럼 셀 수 없이 많을 것이라고 더 자세히 알려 주십니다. 성경은 이 약속을 들은 "아브람이 여호와를 믿으니"(창세기 15:6)라고 기록합니다. 세 마디 간단한 증언이지만 매우 의미심장합니다. 아브람은 여호와를 믿었고 여호와는 이것을 의로 여기십니다. 믿음은 하나님 말씀에 대한 아브람의 반응이었습니다. 아브람의 믿음 자체에서 어떤 힘이 발생하는 것이 아니었습니다. 아브람의 믿음은 여호와는 어떤 경우에도 그분이 하신 약속을 이루신다는 확신이었습니다. 바로 이러한 믿음 때문에 아브람은 의롭다고 여겨집니다.

아브람은 하나님의 약속을 믿었고 그에 대한 징표를 구합니다. 아브람의 요구는 불신앙이 아니라 오히려 믿음의 표현입니다. 아브람은 하나님께서 그분의 약속을 이루시겠다고 확인해 주는 징표를 구했습니다. 하나님은 그에 응답해 아브람과 언약을 맺으십니다. 언약을 체결하면서 하나님은 아주 희한해 보이는 의식을 치르십니다. 하나님은 아브람에게 암소, 암염소, 숫양, 산비둘기, 집비둘기 새끼를 제물로 가져와 그 중간을 쪼개

놓으라고 하십니다. 고대 근동에서는 상호 간에 조약을 맺을 때 이러한 방식을 흔히 사용했습니다.

고대 근동의 조약 중 하나인 종주권 조약은 주로 강대국이 상대적으로 약소한 주변국과 맺는 조약이었습니다. 강대국 왕은 종주가 되어 속국의 왕에게 일정한 혜택을 제공합니다. 가령 다른 국가의 침략에서 보호해 주겠다는 약속 같은 것입니다. 그 대가로 속국의 왕은 종주국에 충성과 복종을 맹세합니다. 속국의 선택은 둘 중 하나였습니다. 자기 주권을 포기하고 계약 관계에 들어가 종주국의 왕이 제공하는 혜택을 누릴 것인가, 아니면 스스로 국가의 일을 해결하다가 멸망할 위기를 맞을 것인가.

종주권 조약의 시작 부분에는 조약 당사자 간의 역사를 언급하는 부분이 있습니다. 그래서 창세기 15장에서 하나님은 선언하십니다.

> 나는 이 땅을 네게 주어 소유를 삼게 하려고 너를 갈대아인의 우르에서 이끌어 낸 여호와니라(창세기 15:7)

과거부터 보여 온 하나님의 신실하심이 언약 관계의 출발점이 됩니다. 언약 체결 의식은 계약 당사자들이 반으로 쪼갠 제물 사이를 함께 걸어가는 것으로 마무리됩니다. 이는 언약을 깨뜨릴 때 임할 저주를 몸소 보여 주는 것입니다. "만약 언약을 깨뜨리면 내 몸은 이 동물들처럼 둘로 쪼개질 것이다"라고 말하는 것과 같습니다.

하나님과 아브람이 조약을 맺었으므로 원래는 두 당사자 모두 쪼개진 제물 사이를 지나가야 합니다. 그런데 성경은 무엇이 제물 사이를 지나갔다고 말합니까?

해가 져서 어두울 때에 연기 나는 화로가 보이며 타는 횃불이 쪼갠
고기 사이로 지나더라(창세기 15:17)

하나님과 아브람이 언약을 맺을 때는 두 당사자 중 한쪽만 쪼개진 제물
사이를 지나갑니다. 바로 하나님께서 연기 나는 화로와 타는 횃불처럼 홀
로 지나가셨습니다. 왜냐하면 이 언약은 완전히 일방적이며, 오직 하나님
한 분만이 성취하실 언약이기 때문입니다. 영원히 살아 계신 하나님이 이
렇게 말씀하시는 것과 같습니다. "나와 인간 사이의 관계가 깨지는 것을
보느니 차라리 내 몸을 쪼개지게 하겠다.""아브람 후손을 통해 이 언약을
성취하겠다고 내가 약속한다."

이 언약 이후 이어지는 창세기 15장에서 17장까지는 13년이라는 세월
이 흐릅니다. 여기서 중요한 사실은 아브람이 다시 심각한 실수를 한다는
것입니다. 하나님께서 언약을 이루실 날을 인내로 기다리지 못하고 그는
여종 하갈에게서 아들을 얻는 지름길을 선택합니다. 그 결과 이스마엘이
태어납니다. 하나님 기준에 한참 못 미쳐 보이는 아브람에게 여전히 소망
이 있을까요?

언약의 징표, 할례

창세기 17장에서 하나님은 아브람과의 언약을 갱신하십니다. 그 언약을 아주 간단히 표현하면, "나는 네 하나님이 되고, 너는 내 백성이 될 것이다"입니다. 하나님 편에서 먼저 아브람에게 다시 관계를 맺자고 제안하셨습니다. 대다수 사람은 하나님과 관계를 맺을 때 그 주도권이 자기에게 있다고 생각합니다. 누구를 섬길지 자신이 선택할 수 있다고 여깁니다. 하지만 창세기 전체에서 말하는 핵심은 하나님과의 관계는 그런 식으로 이루어지지 않는다는 것입니다. 하나님이 계시는 에덴 동산으로 우리 스스로 돌아갈 방법은 없습니다. 그룹들과 불 칼이 들어가지 못하도록 막고 있기 때문입니다. 오직 하나님 한 분만이 그룹들에게 비켜서라고 명령하실 수 있습니다.

창세기 16장 마지막 절에서 17장 첫 절 사이에 13년이라는 긴 세월이 흐릅니다. 아브람은 자신이 얼마나 하나님에게 신실하지 않았는지를 돌아볼 시간을 충분히 가집니다. 위대한 왕이 자신을 낮추어 인간에게 내려와서 둘 사이의 언약을 확인시켜 주는 것이 은혜임을 깨달을 준비가 됐습니다. 아브람은 하나님이 그분의 언약에 신실하신 분이라는 사실도 깨달았습니다. 하나님의 약속은 인간이 저지른 실수로 파괴되지 않았습니다. 물론 그렇다고 해서 아브람과 사래가 변화할 필요가 없다는 뜻은 아닙니다.

아브람과 사래의 이름은 '아브라함'과 '사라'로 바뀌고, 아브라함은 언약 관계 안에서의 복종을 상징하는 표시인 할례를 받습니다. 삶의 가장 개인적인 영역에까지 믿음이 관통합니다. 그것도 가장 고통스러운 방법으로 이루어집니다. 생육하는 신체 기관을 잘라 내는 상징적 행위는 구속 언약의 궁극적 성취가 아브라함의 후손을 잘라 냄으로써 이루어지리라는 징표입니다. 더 나아가 이 언약은 아브라함의 후손들에게도 적용됩니다. 하나님이 아브라함을 택하셨을 때 단지 한 사람만 택하신 것이 아니라 그 후손들까지 함께 택하셨습니다. 하나님은 아브라함의 하나님일 뿐 아니라, 이삭의 하나님, 야곱의 하나님이십니다. 바로 그 이유로 하나님은 아브라함의 후손 중 남자들에게도 할례를 행하라고 명하십니다. 그들은 어떤 신을 섬길지 스스로 선택할 자유가 없음을 알아야 했습니다. 언약의 징표인 할례를 받음으로 자신들이 언약 백성임을 알아야만 했죠. 그들 역시 오직 한 분이신 여호와께 속한 자들이며, 그분께만 순종하도록 선택되었다는 사실을 명심해야 했습니다.

그러면 할례를 받기만 하면 구원을 받을까요? 절대 그렇지 않습니다. 이스마엘은 아브라함과 같은 날 할례를 받습니다. 하지만 이스마엘의 마음이 하나님 은혜로 새롭게 변화했다는 증거는 어디에도 없습니다. 언약의 징표를 몸에 지니기는 했으나 그렇다고 해서 언약 백성이 된 것은 아닙니다. 할례는 이스라엘 백성이 자신들을 구원할 언약의 하나님, 단 한 분밖에 없는 그분을 바라보도록 합니다. 그들의 조상인 아브라함에게 그랬듯이 그들이 여호와를 믿는다면 여호와는 그들의 피난처가 되실 것입니다. 하지만 그들이 하나님을 부인하고 그분께 불순종하면 그들이 받은 할례가 그들을 정죄할 것입니다.

　하나님은 단지 이전에 맺은 언약을 반복하지 않고 완전히 새로운 형태로 바꾸십니다. 이 언약은 영원한 언약입니다. 이렇게 영원히 갱신되는 언약보다 더 분명하게 언약의 존재와 성취가 오직 하나님의 신실하심에 달려 있다는 사실을 드러내는 표현이 있을까요? 하나님의 백성은 실제로 죄에 자주 걸려 넘어지고 하나님의 기준에 미치지 못합니다. 그런데도 하나님의 약속은 절대 흔들리지 않습니다. 왜냐하면 그 약속이 우리의 어떠함이 아니라 하나님의 신실하심에 달려 있기 때문입니다.

이삭을 제물로

아브라함의

믿음

창세기 21장에 이르러 드디어 이삭이 태어나고 하나님의 약속이 이루어집니다. 하지만 아브라함을 빚어 가시는 하나님의 손길은 여기서 끝나지 않고, 그에게 새로운 시험이 찾아옵니다. 하나님은 아브라함의 믿음이 약속을 성취하는 하나님에 기반하는지, 아니면 약속의 성취 중에 하나님에게서 받은 다른 것에 있는지를 분명히 하려 하십니다. 이 시험의 최종 관문을 통과하기 위해 아브라함은 하나밖에 없는 사랑하는 아들 이삭을 제물로 바쳐야 합니다. 하나님이 언약을 이루실 통로인 바로 그 아들을 죽여야 합니다. 하나님은 이삭을 통해 아브라함의 후손을 셀 수 없이 많게 하시고, 그들에게 약속의 땅을 유산으로 주겠다고 약속하셨습니다. 따라서 이삭을 죽이는 행위는 그 약속을 죽이는 것과 마찬가지였습니다. 지난 25년간 아브라함이 소망하고 바라며 살아온 전부가 하나님의 명령으로 다 무너질 위기에 처했습니다.

이삭을 데리고…가서…번제로 드리라(창세기 22:2)

아브라함은 시험대에 오릅니다. 그는 복을 받기 위해 하나님을 섬기는 것일까요? 하나님이 아브라함에게 하신 약속을 지키지 않아도 아브라함이 **하나님께 순종**할까요?

사탄이 욥에 대해 했던 말은 아브라함에게도 그대로 적용됩니다. "그가 여호와를 섬기면서 얻은 축복이 얼마나 큽니까? 많은 재산, 부요함, 창대한 이름까지. 여호와를 섬기기 위해 그가 포기한 게 뭐가 있습니까?" 이제 아브라함은 시험대에 오릅니다. 아브라함은 복을 받기 위해 하나님을 섬기는 것일까요? 아니면, 하나님으로 인해 하나님을 섬기는 것일까요? 하나님이 아브라함에게 하신 약속을 지키지 않아도 아브라함이 하나님께 순종할까요?

아브라함은 하나님의 명령에 순종하기 위해 이삭을 데리고 하나님이 일러 주신 곳으로 갑니다. 아브라함은 하나님이 기적을 행하시리라고 믿었을까요? 아브라함이 자기 종들에게 한 말에 비춰 볼 때 어쩌면 그랬을지 모릅니다.

> 너희는 나귀와 함께 여기서 기다리라 내가 아이와 함께 저기 가서 예배하고 우리가 너희에게로 돌아오리라(창세기 22:5)

또한, 이삭이 번제할 어린 양이 어디 있는지 묻자 아브라함은 이렇게 말하며 이삭을 안심시킵니다.

> 번제할 어린 양은 하나님이 자기를 위하여 친히 준비하시리라(창세기 22:8)

하지만 아브라함은 하나님께서 기적을 베풀지 않으셔도 이삭을 기꺼이 제물로 바칠 마음이었습니다. 히브리서에서 말하듯이 아브라함은 하나님이 이삭을 죽은 자 가운데서 살리실 수 있다고 믿은 듯 보입니다(히브리서 11:19). 하지만 그가 그런 약속을 받은 적은 없습니다. 아브라함은 그저 하나님을 믿었고 믿음으로 순종했을 뿐입니다. 실제로 이삭을 돌려받음으로 아브라함의 믿음은 헛되지 않았습니다.

아브라함이 칼을 들고 하나뿐인 사랑스러운 아들을 죽이려고 하는 그 순간 여호와의 사자가 그를 부릅니다.

> 아브라함아 아브라함아…그 아이에게 네 손을 대지 말라 그에게 아무 일도 하지 말라 네가 네 아들 네 독자까지도 내게 아끼지 아니하였으니 내가 이제야 네가 하나님을 경외하는 줄을 아노라(창세기 22:11-12)

그 말을 듣고 눈을 들었을 때에야 아브라함은 하나님께서 번제로 드릴 숫양을 예비해 놓으신 것을 알게 됩니다. 그는 수풀에 걸려 있는 숫양을 가져다가 자기 아들을 대신해 번제로 드립니다. 여호와의 사자가 아브라함을 불러 이렇게 다시 약속하십니다.

내가 네게 큰 복을 주고 네 씨가 크게 번성하여 하늘의 별과 같고 바닷가의 모래와 같게 하리니 네 씨가 그 대적의 성문을 차지하리라 또 네 씨로 말미암아 천하 만민이 복을 받으리니 이는 네가 나의 말을 준행하였음이니라(창세기 22:17-18)

READING JESUS

성경을 보면, 하나님이 사람과 새로 언약을 맺으실 때마다 곧바로 시험이 뒤따릅니다. 그리고 언약을 맺은 성경 속 인물들은 어김없이 그 시험에 넘어집니다. 하나님의 언약이 인간의 노력에 달렸다면 우리에게는 그 어떤 희망도 없을 것입니다. 하지만 우리가 실패한다고 하나님의 은혜가 좌절되는 것은 아닙니다. 오히려 하나님은 신실하게 그분의 언약을 성취하십니다.

하나님이 쪼개진 제물 사이를 홀로 지나가시는 모습(창세기 15:17)은 언약의 성취가 오직 하나님께만 속해 있음을 잘 보여 줍니다. 이것은 인간과 세운 언약을 하나님이 지키시겠다는 징표입니다. 이 징표를 더 생생하게 보여 주는 유일한 길은 상징적 행위를 실행에 옮기는 것입니다. 영원히 살아 계신 하나님이 인간의 몸을 입고, 언약을 깨뜨린 아담의 후손을 대신해서 죽음을 맛보는 것입니다. 이것이 바로 하나님이 그리스도를 통해 하신 일입니다. 예수님이 우리 죗값을 대신 치르심으로써 하나님은 우리 하나님이 되시고, 우리는 하나님의 백성이 되었습니다.

3부

성
／
경
／
나
／
눔

타락 이후 에덴 동산에서 쫓겨난 인류에게 죄의 영향력이 실제로 나타납니다. 가인의 살인부터 가인 후손의 도덕적 타락과 노아 시대의 포악함, 바벨탑 사건에 이르기까지 하나님을 인정하지 않고 자기의를 높이는 죄의 본성은 점점 퍼져 나갑니다.

소망이 없어 보이는 상황 중에도 하나님이 아브람을 부르시면서 새로운 구원 역사가 시작됩니다. 하나님은 아브람에게 복을 주어서 복의 근원이 되게 하겠다고 말씀하십니다. 하나님은 그를 큰 민족이 되게 하고, 그의 이름을 창대하게 하고, 그의 순종을 통해 온 세상에 복을 주고자 하십니다. 아브람은 하나님께 순종하여 믿음으로 약속의 땅에 들어갑니다. 하지만 그 땅에 기근이 심하게 들자 애굽으로 내려갑니다. 게다가 죽을까 두려워 아내 사래를 누이라고 속입니다. 이 일로 약속의 땅과 약속의 자손을 통해 성취될 하나님의 약속이 위기에 빠집니다. 하지만 아브람을 복의 근원으로 삼겠다는 하나님의 뜻을 이루는 데는 아브람이 지은 죄가 걸림돌이 되지 못합니다.

창세기 15장에서 하나님은 아브람 자손이 하늘의 뭇별처럼 셀 수조차 없을 것이라고 말씀하십니다. 아브람은 여호와를 믿었고 여호와는 이를 의로 여기십니다. 하나님은 언약을 맺으시면서 반으로 쪼개진 제물 사이를 홀로 지나가십니다. 아브람과 세우신 언약을 반드시 지키시겠다는 뜻입니다. 이러한 언약에도 불구하고 아브람은 하나님께서 약속을 이루시는 날을 기다리지 못하고 하갈을 통해 아들을 얻는 지름길을 택합니다. 하나님 기준에 한참 모자란 아브람에게 여전히 소망이 있을까요?

13년이 흐른 후 신실하신 하나님은 아브람과의 언약을 갱신하십니다. "나는 네 하나님이 되고 너는 내 백성이 될 것이다"라는 언약입니다. 하나님은 아브람과 그의 아내 이름을 '아브라함'과 '사라'로 바꾸시고 할례를 행하라고 말씀하십니다. 이로써 아브라함과 그 후손은 자신들이 하나님께 속한 자들이며 하나님께만 순종하도록 선택되었다는 사실을 분명히 알게 되었습니다.

창세기 21장에서는 드디어 이삭이 태어나면서 하나님의 약속이 이루어집니다. 그렇지만 하나님은 아브라함을 계속해서 빚어 가십니다. 하나님은 아브라함에게 하나뿐인 사랑하는 아들 이삭을 번제로 바치라고 하십니다. 아브라함은 자신의 믿음이 어디에 있는지 가늠하는 시험을 통과해야 합니다. 결국 아브라함은 하나님을 믿었고 순종했습니다. 하나님은 이삭을 보호하시고, 예비한 양으로 번제를 드리게 하십니다. 이 과정을 통해 아브라함은 자신의 기여 없이도 하나님은 그분의 약속을 성취하는 분임을 다시 한번 확인합니다.

❶ "가인이 몹시 (   )하여 (   )이 변하니"(창세기 4:5)

(   )는 우리가 무엇을 드리든 하나님께서 받으셔야 한다고 생각하는 것입니다. 예물을 바치는 우리의 태도가 성의 없고 불량할 때조차도 하나님이 그러셔야 한다고 은근히 짐작합니다. 하지만 (   )는 자신이 드리는 최고의 예물일지라도 거룩하신 하나님이 받으시기에는 변변찮음을 깨닫고, 보잘것없는 예물을 받아 주시는 하나님께 감격하는 것입니다.
(성경수업 Lesson 1)

❷ "여호와께서 사람의 (   )이 세상에 가득함과 그의 마음으로 생각하는 모든 계획이 항상 (   ) 뿐임을 보시고"(창세기 6:5)

죄의 전면적 확산은 이 땅의 모든 생명을 쓸어버리는 (   )으로 이어집니다. 죄가 세상에 들어와 모든 생명에 영향을 주었듯이 이제 이 땅의 모든 생명이 (   )을 경험합니다. (성경수업 Lesson 1)

❸ 우리는 성경 이야기의 첫 부분부터 하나님의 택하심이 인간의 (   )에 있지 않음을 분명히 알 수 있습니다. 아브람과 같은 믿음의 영웅들도 마찬가지였습니다. (성경수업 Lesson 2)

❹ "해가 져서 어두울 때에 (   )가 보이며 (   )이 쪼갠 고기 사이로 지나더라"(창세기 15:17)

창세기 15장의 언약은 완전히 일방적이며, 오직 (   ) 한 분만이 성취하실 언약이라는 뜻입니다. 성경수업 Lesson 3

❺ 창세기 17장에서 하나님은 아브람과의 (   )을 갱신하십니다. 그 언약을 아주 간단히 표현하면, "나는 네 (   )이 되고 너는 내 (   )이 될 것이다"입니다. 하나님 편에서 먼저 아브람에게 다시 관계를 맺자고 제안하셨습니다. 성경수업 Lesson 4

❻ 하나님이 사람과 새로 (   )을 맺을 때마다 곧바로 (   )이 뒤따릅니다. 그리고 언약을 맺은 성경 속 인물들은 어김없이 그 (   )에 넘어갑니다. 하지만 우리가 실패한다고 하나님의 은혜가 좌절되는 것은 아닙니다. 오히려 하나님은 신실하게 그분의 (   )을 성취하십니다. 성경수업 리딩지저스

정답

1. 분, 안색, 자기의, 은혜 2. 죄악, 악할, 홍수 심판, 죽음 3. 공로 4. 연기 나는 화로, 타는 횃불, 하나님 5. 언약, 하나님, 백성 6. 언약, 시험, 시험, 언약

❶ 아브람이 믿음으로 약속의 땅에 들어가자마자 그 땅에 갑자기 기근이 닥칩니다. 아브람은 기근이 닥친 약속의 땅을 떠나 어디로 향했나요? 아브람은 그곳에서 죽음에 대한 두려움으로 인해 어떤 실수를 하나요? 하나님의 신실하신 말씀을 의심하게 하는 것들에는 무엇이 있나요?

❷ 하나님은 바로에게서 사래를 보호하시고 아브람을 약속의 땅으로 다시 돌려보내십니다. 아브람의 실수에도 불구하고 하나님은 아브람과 언약을 맺으시며 하나님의 약속에 대한 확실한 징표를 주십니다. 하나님께서 나의 인생을 신실하게 인도하실 것이라는 믿음이 있나요?

❸   인생 가운데 어려움을 마주하였을 때 나를 붙들어 준 성경 말씀이 있다면 함께 나눠 봅시다.

❶ 성경 말씀에 기초해, 찬양과 감사의 기도를 드립니다.

내가 너로 큰 민족을 이루고 네게 복을 주어

네 이름을 창대하게 하리니 너는 복이 될지라

너를 축복하는 자에게는 내가 복을 내리고

너를 저주하는 자에게는 내가 저주하리니

땅의 모든 족속이 너로 말미암아 복을 얻을 것이니라 하신지라

창세기 12:2-3

❷ 일상의 변화를 소망하며, 회개와 결단의 기도를 드립니다.

❸ 서로를 위해, 또 교회를 위해 기도합니다.

시편 62편 5-8절

나의 영혼아 잠잠히 하나님만 바라라

무릇 나의 소망이 그로부터 나오는도다

오직 그만이 나의 반석이시요

나의 구원이시요 나의 요새이시니

내가 흔들리지 아니하리로다

나의 구원과 영광이 하나님께 있음이여

내 힘의 반석과 피난처도 하나님께 있도다

백성들아 시시로 그를 의지하고

그의 앞에 마음을 토하라

하나님은 우리의 피난처시로다 (셀라)

3

출애굽기

창세기 마지막 장에서 한 페이지만 넘기면 바로 출애굽기가 시작됩니다. 하지만 그 사이에는 400년이라는 긴 세월이 흐릅니다. 애굽으로 이주할 때 70명 정도였던 이스라엘(야곱)의 가족은 400년이 지나는 동안 셀 수 없을 정도로 많이 불어나 이스라엘 민족이 되었습니다. 애굽 왕은 계속 번성하는 이스라엘을 위협 대상이라고 판단해, 노예로 부리던 그들을 더욱 핍박합니다. 급기야 이스라엘의 남자아이를 다 죽이라고 명령합니다.

위태로워 보이는 이스라엘의 미래는 어떻게 될까요? 그들을 약속의 땅으로 이끄시고, 그들의 하나님이 되겠다고 하신 하나님의 약속은 어떻게 될까요?

이번 주에는 출애굽기 전체를 통독할 것입니다. 성경수업에서는 출애굽기 전반부 내용을 중심으로 자기 백성을 구원하시는 하나님의 목적에 집중하여 살펴보고, 출애굽기 후반부 내용에서는 애굽을 탈출한 이스라엘 백성에게 주신 시내 산 언약과 성막 건축을 통해 자기 백성과 늘 함께하시는 신실한 하나님과의 관계에 대해서 살펴보겠습니다.

리딩지저스 1권 3강: 출애굽기

QR코드를 찍으면 '출애굽기' 리딩지저스 영상으로 바로 연결됩니다. 또는 유튜브에서 '리딩지저스 출애굽기'를 검색하여 시청할 수 있습니다. '성경읽기'와 '성경공부'를 시작하기 전에 리딩지저스 영상을 시청하면 도움이 됩니다.

QR코드를 찍으면 **리딩지저스 오디오 바이블**로 연결됩니다. 45주 성경통독 일정에 맞추어 제작된 **오디오 바이블**을 통해 매일의 성경통독 분량을 부담 없이 완독할 수 있습니다. 그리스도 중심 성경읽기 《리딩지저스》와 함께하는 성경통독을 통해 하나님과 동행하는 하루하루가 되기를 소망합니다.

이번 주 성경읽기 스케줄

주일	리딩지저스 영상 시청, 성경수업 읽기			
	기본 읽기		핵심 읽기	
월	출 1-6장	완독	출 3장	
화	출 7-12장		출 12장	
수	출 13-19장		출 19장	
목	출 20-26장		출 20장	
금	출 27-33장		출 32장	
토	출 34-40장		출 40장	

기본 읽기　출애굽기 1-6장
핵심 읽기　출애굽기 3장

출애굽기 1-2장에서 이야기되는 이스라엘 민족의 삶은 하나님께서 아브라함에게 주신 축복의 약속과는 거리가 먼 것처럼 보입니다. 하나님의 약속을 받은 민족이지만, 지금은 애굽 땅에서 애굽 왕 바로의 통치하에 비참한 노예 생활을 하고 있고, 그들의 대표자처럼 보이는 모세는 쫓기는 몸으로 미디안 땅으로 도망가 그곳에서 가정을 꾸렸습니다. 하나님은 긴 세월을 광야에서 보내던 모세를 부르시고, 자신을 스스로 있는 자이며 아브라함과 이삭과 야곱의 하나님이라고 밝히십니다. 하나님은 이스라엘의 부르짖음을 들으시고, 그들을 애굽에서 이끌어 내겠다고 하시면서 모세를 다시 애굽으로 보내십니다. 하나님의 명령에 따라 모세와 아론은 바로에게 나아갔으나, 바로는 이스라엘의 노역을 더 고되게 합니다. 하나님은 그의 강한 손을 펼쳐 보이심으로 바로가 이스라엘 자손을 내보낼 것이고, 이스라엘 백성을 하나님의 백성으로 삼아 그들의 하나님이 될 것이라고 하십니다.

기본 읽기　출애굽기 7-12장
핵심 읽기　출애굽기 12장

하나님은 애굽에 재앙을 내리십니다. 나일 강을 비롯해 애굽 사람들이 섬기는 자연물과 그들의 신들이 얼마나 무력한지, 그리고 하나님께서 얼마나 큰지를 보여 주십니다. 이스라엘 백성과 애굽 백성을 구별하셨고, 이스라엘 백성에게는 재앙이 미치지 않게 하셨습니다. 아홉 차례나 재앙이 몰아치자 온 애굽이 하나님께 항복합니다. 하지만 단 한 사람, 바로만은 물러서지 않습니다. 하나님은 마지막 열 번째 재앙으로 애굽 땅에 있는 처음 난 것들을 모두 치실 것이라고 말씀하십니다. 그리고 모세에게 이 재앙을 피할 수 있는 방법을 알려 주시며, 이를 신실하게 따를 것을 요구하십니다. 하나님의 명령에 따라 어린 양의 피를 문설주와 인방에 바른 가정들은 죽음을 피했고, 애굽 땅에 있는 처음 난 자들은 모두 죽음을 맞이했습니다. 바로도 맏아들이 죽자 결국 항복합니다. 하나님은 이스라엘 백성에게 이 유월절을 기념하여 지키라고 명령하십니다.

3일차 큰일을 행하시는 하나님과 불평하는 이스라엘

기본 읽기 출애굽기 13-19장
핵심 읽기 출애굽기 19장

마침내 이스라엘 자손은 400여 년간 머문 애굽에서 많은 재물과 함께 나옵니다. 그러나 생각이 바뀐 바로는 군사를 몰고 이스라엘 백성의 뒤를 추격합니다. 하나님은 홍해를 가르는 기적을 일으켜 이스라엘 민족을 인도하셨고, 이스라엘을 쫓던 애굽 군사들은 홍해가 닫혀서 하나도 살아남지 못합니다. 놀라운 기적을 일으킨 하나님을 온 이스라엘 백성이 찬양합니다. 그러나 홍해가 갈라지는 일을 경험한 불과 며칠 후 이스라엘 백성은 노골적으로 모세와 아론을 원망합니다. 그 이유는 간단했습니다. 먹을 것이 없었기 때문입니다. 하나님은 그들의 불평에도 신실하게 응답하셨습니다. 먹을 것이 없을 때는 만나와 메추라기를, 물이 없을 때는 물을, 아말렉이 습격하면 승리를 주셨습니다. 애굽을 떠난 지 3개월 만에 이스라엘 백성은 하나님이 지시하신 시내 산에 도착합니다.

4일차 이스라엘과 언약을 맺으시다

기본 읽기 출애굽기 20-26장
핵심 읽기 출애굽기 20장

하나님이 친히 시내 산에 임하셨고, 십계명을 주시며 이스라엘과 언약을 맺으십니다. 이로써 하나님은 이스라엘의 하나님이 되고, 이스라엘은 하나님의 백성이 되었습니다. 우리는 율법을 십계명으로 단순화합니다. 물론 십계명이 가장 대표적인 율법이지만, 하나님은 이스라엘 백성이 지켜야 할 율법을 아주 세밀하게 알려 주셨습니다. 당시 주변 나라들의 법과 비슷한 부분도 있었으나, 독특한 내용이 많았습니다. 우상을 만들지 말라는 제단에 관한 법, 약자에게는 사랑을 베풀고 죄인에게는 정의를 시행하는 새로운 규칙과 안식일과 절기에 대한 법을 정하십니다. 모세는 언약서를 백성에게 낭독하고 백성들은 하나님의 모든 말씀을 준행하겠다고 서약합니다. 모세와 아론과 이스라엘 장로 70인은 하나님의 임재 안에서 먹고 마십니다. 하나님은 그를 예배하는 성막을 지을 수 있게 상세한 규격과 제작 방법을 알려 주십니다.

5일차 넘치는 은혜가 자격 없는 이들에게

기본 읽기　출애굽기 27-33장
핵심 읽기　출애굽기 32장

하나님은 성막과 성막 물품, 제사장 의복 등에 대한 내용을 상세히 알려 주심으로써 자신이 이방 신들과는 다른 참 하나님이심을 나타내셨습니다. 그리고 이스라엘 백성이 이방신을 섬기는 신전의 의식을 따라하지 않기를 바라셨습니다. 모세가 시내 산에 올라간 지 40일이 지나도 내려오지 않자, 이스라엘 백성은 아론에게 자신들을 인도할 신을 만들자고 합니다. 급기야 금송아지를 만들고는 이스라엘 자손을 애굽 땅에서 인도하여 낸 신이라고 선포합니다. 그러고는 그 앞에서 제사를 지내며 흥청거리며 뛰놉니다. 이 모습에 크게 진노한 하나님께 모세가 아브라함과 이삭과 이스라엘에게 약속하신 것에 근거해서 간절히 호소하고, 하나님은 모세의 간구를 들으십니다. 산에서 내려온 모세는 하나님께 받은 십계명 돌판을 깨뜨리고, 레위 자손과 사태를 수습합니다. 모세가 하나님께 돌아가 대신 용서를 구하고 하나님의 영광을 보여 달라고 간청하자, 그 간청에 응답하십니다.

6일차 성막에 임한 여호와의 영광

기본 읽기　출애굽기 34-40장
핵심 읽기　출애굽기 40장

하나님은 새로운 돌판에 다시 십계명을 새겨 주시고, 하나님의 백성으로서 지켜야 할 규례들을 알려 주십니다. 그들은 알려 주신 대로 성막과 성막 기구를 제작합니다. 남녀 구별 없이 자원하는 이들이 기쁜 마음으로 자기 물건들을 가져와 예물로 바쳤고, 브살렐과 오홀리압을 비롯해 손재주 있는 백성들을 불러 모읍니다. 성막과 지성소에 놓일 언약궤가 만들어집니다. 언약궤는 하나님 보좌와 같은 역할로 하나님이 이스라엘 민족과 함께하신다는 상징입니다. 성소에 놓일 상, 등잔대, 분향단과 성막 뜰에 놓일 번제단, 물두멍을 만들고, 성막 울타리와 제사장 예복까지 마무리하자 성막 공사가 완성됩니다. 모세와 아론이 하나님께서 명령하신 대로 성막을 구비하고 제사장이 준비되자, 구름이 성막을 덮고, 주의 영광이 성막에 가득 찹니다.

2부

성／경／수／업

부르심을
따르는
삶

모세가 하나님 앞에 올라가니
여호와께서 산에서 그를 불러 말씀하시되
너는 이같이 야곱의 집에 말하고
이스라엘 자손들에게 말하라
내가 애굽 사람에게
어떻게 행하였음과
내가 어떻게 독수리 날개로
너희를 업어 내게로 인도하였음을
너희가 보았느니라
세계가 다 내게 속하였나니
너희가 내 말을 잘 듣고
내 언약을 지키면 너희는 모든 민족 중에서
내 소유가 되겠고 너희가 내게 대하여
제사장 나라가 되며 거룩한 백성이 되리라
너는 이 말을 이스라엘 자손에게
전할지니라
출애굽기 19장 3-6절

모세를 부르심

**모세의 변명과
하나님의 대답**

모세는 역사적으로 매우 위험한 때에 태어났습니다. 이스라엘 백성의 남자아이를 모두 죽여야 하는 상황에서 모세의 부모는 그를 석 달이나 숨겨서 기릅니다. 하지만 더 이상 숨길 수 없게 되자 갈대 상자에 역청과 송진을 발라 '방주'를 만들고, 아이를 거기에 담아 강가 갈대 사이에 놓아 둡니다. 바로의 딸이 우연히 모세를 발견하여 모세는 목숨을 건졌고 애굽 사람으로 성장합니다. 어른이 된 모세는 자기 민족이 겪는 고된 현실을 목격합니다. 그러다가 하루는 히브리 사람을 매로 때리는 애굽 사람을 목격하고는 죽여서 파묻습니다. 얼마 지나지 않아 모세가 몰래 '처단자' 역할을 한 사건을 모두 알게 됩니다. 애굽의 비밀경찰이 모세를 찾는 일은 시간문제입니다. 그래서 모세는 애굽 땅을 떠나 미디안 땅으로 갑니다. 그때까지도 모세는 애굽을 자기 고향으로 생각했습니다. 하지만 애굽 땅을 떠난 후 비로소 자기 정체성에 눈을 뜹니다. 자신이 아브라함처럼 이방 땅에 거주하는 나그네임을 받아들입니다.

한편, 애굽의 이스라엘 백성은 고된 노동과 핍박을 견디다 못해 여호와께 부르짖습니다. 여호와 하나님은 그들의 신음을 들으시고 자신이 세운 언약을 기억하여 모세를 이스라엘 민족을 구할 사람으로 보내십니다. 하나님은 불붙은 떨기나무 아래에서 모세를 부르시며 말씀하십니다.

나는 네 조상의 하나님이니 아브라함의 하나님, 이삭의 하나님, 야곱의 하나님이니라(출애굽기 3:6)

그러면서 이스라엘 백성을 애굽 사람의 손에서 건져 내어 젖과 꿀이 흐르는 땅 가나안으로 이끌고 가겠다고 말씀하십니다. 이 일을 위해 모세를 바로에게 보내겠다고 하십니다. 이때 모세가 여호와께 이의를 제기합니다.

내가 누구이기에 바로에게 가며 이스라엘 자손을 애굽에서 인도하여 내리이까(출애굽기 3:11)

하나님은 이렇게 대답하십니다. "네가 누구인지가 무슨 상관이냐? 그건 중요하지 않다." 정말 중요한 것은 여호와께서 모세를 보내셨고 그와 함께하신다는 사실입니다. 그러자 모세가 다시 묻습니다. "여호와가 누구시기에 이스라엘 자손을 애굽에서 이끌어 내십니까?" 모세가 여호와의 이름을 물은 이유는 단순히 이름에 대한 정보가 아니라, 하나님이 어떤 분인지 알고 싶었던 것입니다. 하나님은 모세에게 말씀하십니다.

나는 스스로 있는 자이니라(출애굽기 3:14)

대답을 피하는 듯한 수수께끼 같은 표현처럼 들리지만, 더 정확히 말하면 "내가 바로 너희와 함께하는 자이니라"라는 뜻입니다. 그래서 하나님은 모세에게 가서 이렇게 말하라고 하십니다. "너희와 함께 있는 분이 나를 너희에게 보내셨다." 여호와께서 자기 백성과 함께하겠다는 약속입니다.

모세가 세 번째로 이의를 제기합니다. "그들이 저를 믿지 않으면 어떻게 합니까?" 그러자 하나님은 세 가지 이적을 보여 주십니다. 각각의 이적은 여호와의 사자로 온 모세의 위치를 증명하고, 약속을 성취하는 하나님의 능력을 보여 줍니다. 모세의 마지막 변명은 말주변이 없다는 것이었습니다.

나는 입이 뻣뻣하고 혀가 둔한 자니이다(출애굽기 4:10)

그러자 하나님은 그에게 할 말을 가르쳐 주겠다고 약속하십니다. 하나님이 모세의 질문에 대답을 다 해 주었지만, 모세는 여전히 못 가겠다고 버팁니다.

하지만 하나님은 인내하며, 자신이 부른 사람을 끝까지 설득하십니다. 하나님은 모세의 형 아론을 대변인으로서 함께 보내어 모세를 대신해 말하게 하겠다고 하십니다. 그러자 모세는 마침내 아론과 함께 애굽 땅으로 돌아갑니다. 모세는 이스라엘 자손의 모든 장로 앞에서 이적을 행하고, 그들은 여호와께서 자신들을 보살피신다는 사실에 머리를 숙여 경배합니다.

애굽 탈출, 하나님의 위대한 구원

모세와 아론은 바로에게 가서 하나님 말씀을 전합니다.

이스라엘의 하나님 여호와께서 이렇게 말씀하시기를 내 백성을 보내라 그러면 그들이 광야에서 내 앞에 절기를 지킬 것이니라 하셨나이다(출애굽기 5:1)

여기서 볼 수 있듯이 애굽 탈출의 목적은 이스라엘 자손에게 완전한 자유를 주는 것이 아닙니다. 애굽 노예의 삶에서 벗어나 새로운 형태의 종으로 살아가기 위해서입니다. 하나님을 섬길 수 있도록 애굽에서 이끌어 내시는 것입니다. 우리가 하나님을 예배하기 위해 쇠에서 빗어난 것과 같습니다. 하지만 바로는 그 말을 거부하며 이렇게 말합니다.

여호와가 누구이기에 내가 그의 목소리를 듣고 이스라엘을 내보내겠느냐 나는 여호와를 알지 못하니 이스라엘을 보내지 아니하리라(출애굽기 5:2)

바로의 이런 반응은 정반대 결과로 이어집니다. 이스라엘 백성을 놓아 주기는커녕 그들의 노동량을 더 늘립니다. 모세와 아론은 영웅은 고사하고 이스라엘 백성의 미움을 삽니다. 무언가 잘못된 듯 보여도 이것이 바로 하나님 계획의 핵심이었습니다. 하나님은 이스라엘 자손과 애굽 사람 모두 하나님의 능력을 경험하고 알기를 원하셨습니다. 애굽에 내린 재앙들은 출애굽기를 통해 드러나는 하나님의 능력 중 하나입니다.

하나님께서 내린 재앙들은 모두 의미가 있습니다. 하나님이 하늘 보좌에 앉으셔서 '어디 보자, 애굽에 무슨 재앙을 내릴까?' 하시고는 '아, 그래! 이번에는 이런 재앙을 내리고 다음에는 또 이런 재앙을 내려 보자'라고 하신 것이 아닙니다. 출애굽기에 나오는 재앙들은 모두 애굽 신들과의 전쟁을 의미합니다. 물론 그 신 중에는 애굽을 통치하는 왕이자 신적 존재로 여겨지는 바로도 있습니다. 모세가 "이스라엘의 하나님 여호와께서 이렇게 말씀하시기를"(출애굽기 5:1)이라고 하자, 바로는 "애굽 왕이 그들에게 이르되"(출애굽기 5:4)라고 합니다. 바로가 하나님을 상대하고, 하나님이 바로와 애굽의 모든 신을 상대하는 상황입니다. 모세와 아론이 바로 앞에서 아론의 지팡이를 던져 뱀이 되게 했을 때, 애굽 요술사들도 똑같은 기적을 일으킵니다. 그러나 아론의 지팡이가 그들의 지팡이를 삼키도록 해서 이스라엘의 하나님이 승리하셨음을 분명히 보여 줍니다. 하지만 바로는 고집을 부리면서 그 사실을 인정하지 않습니다. 그로 인해 애굽에는 하나님이 내린 열 가지 재앙이 찾아옵니다. 재앙은 애굽 사람에게만 영향을 미쳤고, 이스라엘 자손은 해를 입지 않았습니다. 이스라엘 백성은 특별히 어떤 행동을 하지 않아도 자연적으로 보호를 받았습니다. 바로는 이스라엘 백성을 내보내 주겠다고 약속했다가도 재앙이 멈추면 다시 고집을 부렸습니다. 하지만 마지막 열 번째 재앙으로 맏아들이 죽자 비로소 마음을 바꾸어 이스라엘 자손들을 떠나도록 합니다.

마지막 재앙 때는 다른 때와 달리 이스라엘 백성이 적극적으로 행동해야 했습니다. 언약 공동체에 속하고 죽음의 위협에 벗어나려면 자신들의 믿음을 보여야 했습니다. 집마다 일 년 된 흠 없는 수컷 어린 양을 잡아서 그 피를 좌우 문설주와 인방*에 발라야 했습니다. 그날 밤에는 잡은 양의 고기를 구워 무교병과 쓴 나물을 함께 먹되 길 떠날 준비를 하는 모습으로 급히 먹어야 했습니다. 맏아들을 치는 여호와의 손길을 피하려면 유월절 어린 양의 피로 보호를 받아야 했습니다. 그렇다고 그 피에 무슨 신비로운 힘이 있었던 것은 아닙니다. 그 피를 보고 하나님이 행동하셨기 때문에 가능한 일이었습니다. 단순히 그 피 때문에 맏아들을 죽이는 주의 사자가 이스라엘 백성들을 피해 간 것이 아니라, 여호와께서 주의 사자를 막아 이스라엘 자손들에게 들어가지 못하게 하신 것입니다.

이후로 유월절은 유대인이 매년 지키는 절기가 됩니다. 구약성경에 나오는 3대 절기 중 첫 번째 절기입니다. 이스라엘 달력은 봄, 곧 유월절에 시작합니다. 애굽을 탈출할 때 하나님이 보여 주신 위대한 구원을 기념하며 한 해를 시작하는 것이죠. 이스라엘 백성은 해마다 유월절에 제물로 드린 양을 함께 먹으며 하나님과의 관계를 새롭게 하고, 옷을 입고 떠날 준비를 하면서 자신들이 이 세상에 속하지 않은 이방인이요 나그네라는 사실을 기억합니다. 그들은 유월절을 통해 자신들의 정체성을 다시 한번 되새깁니다.

* **문설주와 인방** 문설주는 문짝을 끼워 달기 위해 문의 양쪽에 세우는 기둥이며, 인방은 그 기둥과 기둥을 가로로 연결하는 자재입니다. 문 위쪽에서 두 기둥을 연결하는 것은 상인방, 문 아래쪽에서 두 기둥을 연결하는 것은 하인방이라고 하며, 하인방을 보통은 문지방이라고도 합니다.

시내 산 언약, 하나님 백성으로

광야 여정과

십계명

애굽에서 가나안 길은 일직선으로 가면 400킬로미터 정도에 불과합니다. 가축 떼를 몰고 아이들과 같이 걸어도 하루에 16킬로미터씩, 안식일을 빼더라도 4주 정도면 갈 수 있는 거리입니다. 하지만 하나님은 이스라엘 백성을 그 길로 이끌지 않으십니다.

> 하나님이 말씀하시기를 이 백성이 전쟁을 하게 되면 마음을 돌이켜 애굽으로 돌아갈까 하셨음이라(출애굽기 13:17)

하나님은 이스라엘 백성을 홍해를 건너 돌아가는 광야 길로 이끄십니다. 그런데 이스라엘 백성을 내보낸 후 바로가 마음이 변해 이스라엘 백성을 뒤쫓았습니다. 이때 하나님은 구름 기둥으로 이스라엘 백성을 보호하시고, 모세에게 홍해를 가르게 하십니다. 이로써 이스라엘 백성은 위기를 넘기고 무사히 홍해를 건넙니다. 여기서 또 한 번 자기 백성을 구원하시는 하나님의 놀라운 능력이 나타납니다. 홍해를 건넌 이스라엘 백성은 하나

홍해를 건넌 이스라엘 백성은 때에 따라 먹을 것과 필요한 것을 채워 주시는 하나님의 능력만을 계속 경험하면서 약속의 땅까지 가리라 예상했을지 모릅니다. 하지만 하나님의 섭리는 그들을 **더 복잡한 여정**으로 이끕니다.

님의 능력과 승리만을 계속 경험하면서 약속의 땅까지 가리라 예상했을지 모릅니다. 하지만 하나님의 섭리는 그들을 더 복잡한 여정으로 이끕니다. 하나님은 그들이 하나님의 크신 능력만 배우는 데서 그치지 않고, 그들 자신의 마음이 어떠한지 깨닫기를 원하셨습니다. 불평과 원망을 일삼는 마음이 자신들 속에 있음을 알기 바라셨습니다. 하나님은 그들에게 하나님의 능력을 알려 줄 뿐만 아니라, 스스로 얼마나 타락한 존재인지를 깨닫고 하나님께 의존하며 살아가는 법을 배우기를 바라셨습니다.

광야를 지나는 여정의 첫 목적지는 시내 산입니다. 그들은 애굽을 나온

지 석 달 만에 그곳에 도착합니다. 거기서 하나님은 모세와 언약을 맺으십니다. 우리는 이 언약을 '시내 산 언약'이라고 부릅니다. 이 언약의 목적은 출애굽기 19장 5-6절에 나옵니다.

> 너희는 모든 민족 중에서 내 소유가 되겠고 너희가 내게 대하여 제사장 나라가 되며 거룩한 백성이 되리라(출애굽기 19:5-6)

하나님이 시내 산에서 이스라엘 백성에게 주신 율법은 그 자체가 목적이 아니라, 여호와와 그 백성의 관계를 풍성하게 하기 위한 것입니다. 여기서 우리가 잘 아는 십계명이 나옵니다. 다른 고대 언약들처럼 계약 당사자 간의 관계를 명시하는 역사적 진술이 조약서 서문에 등장합니다.

> 나는 너를 애굽 땅, 종 되었던 집에서 인도하여 낸 네 하나님 여호와니라(출애굽기 20:2)

이어서 언약의 조항들이 나열됩니다. 십계명은 두 부분으로 나뉩니다. 첫 번째 돌판에 새긴 계명, 즉 1계명부터 4계명까지는 하나님과 인간의 관계에 관한 계명입니다. 계명마다 그 이유가 대부분 이어서 나옵니다. 두 번째 돌판에 새긴 계명, 즉 5계명부터 10계명까지는 인간 사이의 관계에 관한 것입니다. 이 계명들에는 그 이유가 대부분 나오지 않습니다. 아마도 당시 주변 사회에서도 보편적으로 시행하고 있어서 그랬을 수 있습니다.

십계명과 시내 산에서 받은 율법들을 지키는 행위는 하나님의 왕 되심을 인정하는 것입니다. 이는 고대 근동에서 매우 흔한 모습이었습니다. 왕은 여러 율법을 공포하고, 신하 국가의 왕들은 그가 공포한 율법들을 성실하게 따름으로써 자신들의 충성을 증명합니다. 출애굽기에서도 마찬가지입니다. 여호와께서 언약을 세우시니 이스라엘 자손은 제단을 쌓고 번제와 화목제를 드리면서 여호와께서 정하신 율례를 받아들입니다. 모세가 언약서를 낭독하자 백성이 듣고, 이렇게 화답합니다.

여호와의 모든 말씀을 우리가 준행하리이다(출애굽기 24:7)

그리고 언약의 피를 백성들에게 뿌린 후, 백성을 대표하는 모세와 아론과 나답과 아비후와 이스라엘 장로 70인이 올라가서 하나님을 뵙고 언약 승인 과정을 완수한 다음 하나님 앞에서 먹고 마십니다.

성막, 거하시고 만나시는 곳

성막의 기능과

상징

시내 산이 아무리 장엄하다 해도 하나님이 영원히 계실 곳은 아닙니다. 이스라엘의 하나님은 산에 계시지 않습니다. 그리스 신들이 올림푸스 산에 머물고 가나안 신들이 자폰 산에 있는 것과 달리 우리 하나님은 산에 계시지 않습니다. 시내 산이 하나님의 산이 된 이유는 하나님이 모세에게 율법을 주시려고 친히 그곳으로 오셨기 때문입니다. 하나님은 모세와 대면하는 동안에, 또 대면한 후에 성소, 곧 성막을 어떻게 지어야 하는지 자세히 알려 주십니다. 위대한 왕이신 하나님은 자기 백성을 시내 산에서 단 한 번만 만나고 마는 분이 아닙니다. 그들 가운데로 찾아가셔서 함께 머무시는 분입니다.

성막 건축으로 출애굽기는 마무리됩니다. 이는 고대 근동의 방식과 같습니다. 고대 근동 문학에서는 대개 신이 승리했을 때 자신을 위한 집, 성전을 짓습니다. 성전을 짓는 방법은 꿈이나 환상을 통해 인간에게 전달되고, 성전을 지을 때 그 지시를 정확하게 따라야 한다고 강조합니다. 출애굽기도 나름의 논리적 구조를 담고 있습니다. 여호와께서는 애굽 사람들과 그 신들을 물리치고 승리하십니다(출애굽기 1-15장). 그 결과로 이스라엘 백

성막은 하나님이 머무시는 곳입니다. **하나님께서 머무신다**는 개념은 하나님의 구속 역사에서 처음 등장합니다. 하나님이 사람들 가운데 함께 머무신 적은 없었습니다.

성과 언약을 맺으십니다(출애굽기 19-24장). 그러고 나서 여호와를 위해 성막을 짓도록 그 방법을 알려 주십니다(출애굽기 25-40장).

이렇게 지어진 여호와의 처소는 두 가지 이름, '성막'(the tabernacle)이나 '회막'(the tent of meeting)으로 불리는데, 두 가지 기능이 있음을 말해 줍니다. 성막은 하나님이 머무시는 곳입니다. 동시에 하나님과 그 백성이 만나는 곳입니다. 하나님이 자기 백성을 만나시는 곳이라는 개념은 족장들에게도 익숙했습니다. 하지만 하나님께서 머무신다는 개념은 하나님의 구속 역사 안에서 처음으로 등장합니다. 하나님이 사람들 가운데 함께 머무신 적은 없었습니다. 에덴 동산에서조차 하나님은 아담과 하와를 주기적으로 찾아오셨지 함께 살지는 않았습니다. 하지만 이때부터 하나님은 '임마누엘', '우리와 함께하시는 하나님'이 되셨습니다.

물론 하나님이 함께하신다는 것이 죄인들에게는 좋은 소식이 아닙니다. 따라서 성막은 두 가지 상징을 담고 있습니다. 하나는 하나님의 친밀하심이고, 다른 하나는 거룩한 하나님과 죄인들을 분리해 죄인들을 보호하는 것입니다. 성막은 이스라엘 진영 한가운데 지어졌고, 여러 겹의 널판과 휘장으로 둘러쌌습니다. 성막 안에는 성소가 있었습니다. 성소에서 멀리 떨어진 장소일수록 거룩함이 덜한 곳이었습니다. 가장 거룩한 장소인 지성소는 정육면체의 작은 방으로 모든 재료가 순금이었습니다. 완전하고 거룩한 곳입니다. 지성소 밖으로 나오면 성소이고, 거기에는 등잔대와 떡 상과 분향단이 놓여 있고, 제사장들이 매일 관리했습니다. 한 단계 더 멀리 떨어진 곳이 제단이 있는 성막 뜰이며, 이곳에는 제사장들이 사용하는 번제단과 물두멍이 있습니다. 성막 뜰→성소→지성소, 이처럼 하나님은 그의 거룩하심으로 인해 죄인들이 소멸하지 않도록 가장 거룩하게 구별된 곳에 계셨습니다.

자비롭고 신실하신 하나님

성막 완성

출애굽기의 성막 건축에는 우주적 의미도 담겨 있습니다. 여호와께서 성막 건축을 명령하는 부분이 "여호와께서 말씀하셨다" 또는 "명령하셨다"라는 문구로 시작하는 여섯 개 문학 단위로 이루어진 것은 우연이 아닙니다. 마지막 일곱 번째 부분에는 안식일에 초점을 둔 명령이 나옵니다. 천지창조와 성막 건축의 성경 본문을 비교하면 유사한 동사 구문이 반복해서 나오는 것을 볼 수 있습니다. 천지창조 마지막에 "하나님이 지으신 그 모든 것을 보시니 보시기에 심히 좋았더라"(창세기 1:31)라는 표현이 있습니다. 성막이 완성된 후에는 이런 표현이 등장합니다.

모세가 그 마친 모든 것을 본즉 여호와께서 명령하신 대로 되었으므로(출애굽기 39:43)

창세기 2장 2절에서 하나님은 하시던 일을 다 마치셨고, 출애굽기 40장 33절에서는 모세가 모든 일을 다 마칩니다. 하나님이 일곱째 날을 복되게 하셨듯이 모세 또한 성막 건축을 모두 마치고 백성에게 복을 빌어 줍니다.

성막이 첫째 달 초하루에 완성된 것 역시 우연이 아닙니다. 성막 완성은 이스라엘 백성의 새로운 출발을 의미하며, 이스라엘을 통해 새로운 인류가 나타났음을 보여 주는 사건입니다. 성소에 놓인 등잔대와 분향단을 통해 매일 작은 모형으로 재현되는 불과 구름, 곧 하나님의 영광은 성막이 완성되자마자 회막 위에 임합니다. 이는 이스라엘 백성이 완성한 성막을 하나님이 인정하신다는 표시였습니다. 그리고 언제 장막을 치고 머무를지 언제 장막을 걷어서 떠나야 할지도 알려 주는 표지가 됩니다. 이스라엘 백성이 애굽을 탈출해 약속의 땅으로 향하는 여정 중에 회막은 움직이는 시내 산이 되어 그곳에서 하나님이 모세를 만나고 자기 백성을 위해 가르침을 주십니다.

앞서 살펴본 대로 천지창조와 성막의 완성이 유사하고 성막이 새 창조를 의미한다면, 성막을 통해 하나님의 계획이 선포되자마자 또 다른 타락이 뒤따르는 것도 당연합니다. 창세기 1-2장에서 천지창조가 마무리되자마자 창세기 3장에서 인류의 타락이 바로 이어지듯이 말이죠. 하나님께서 성막 건축을 지시하신 후에도 곧장 사건이 터집니다(출애굽기 32-34장). 왕이신 하나님이 계실 성막을 만들기도 전에 이스라엘 백성은 언약을 깨뜨리고 여호와를 떠나 다른 신을 섬깁니다. 모세가 시내 산에 올라간 지 40일이 지나도 내려오지 않자 이스라엘 백성은 아론이 모세를 대신해 주기를 바랍니다. 그들은 아론을 찾아가 새로운 신을 요구합니다. 결국 이스라엘 백성은 자신들을 애굽 땅에서 탈출시키신 하나님이 거하실 성막 대신에 금송아지를 아론과 힘을 합쳐 만듭니다. 아론은 십계명에서 금한 우상을 새길 뿐만 아니라, 여호와의 절기를 마음대로 공포해 여호와께서 정한 절기 규례를 흉내 냅니다. 하지만 그렇게 절기를 지킨 결과는 거룩함이 아니라 반역이었습니다.

산에서 내려온 모세는 백성들이 죄에 빠진 모습을 보고는 십계명이 새겨진 두 돌판을 던져서 깨뜨립니다. 단지 화가 나서 분노를 표출한 행위가 아닙니다. '돌판을 깨뜨렸다'라는 의미의 아카디아어 '하품'(*hepum*)은 언약을 파기하고 무효화한다는 뜻입니다. 언약을 맺으려 작성한 언약서를 찢어 버리는 것과 똑같은 행동입니다. 백성들이 저지른 죄는 언약을 깨뜨리는 행동이었다는 뜻입니다.

하지만 이스라엘 족장들과 맺은 언약을 지키려는 하나님의 신실하심과 모세의 중재에 힘입어 이스라엘 백성은 또 한 번 기회를 얻습니다. 여호와께서는 언약을 다시 맺으며 모세에게 이렇게 말씀하심으로 자신을 계시하십니다.

> 여호와라 여호와라 자비롭고 은혜롭고 노하기를 더디하고 인자와 진실이 많은 하나님이라 인자를 천대까지 베풀며 악과 과실과 죄를 용서하리라(출애굽기 34:6-7)

바로 이런 하나님을 이스라엘 백성이 섬기고 있었던 것입니다. 하나님은 깨진 언약의 돌판 대신에 새로운 언약서를 준비해 주십니다. 그리고는 다시 한번 그들 가운데 함께 있겠다고 약속하십니다. 출애굽기 35-40장에 기록된 것과 같이 여호와께서 모세에게 명하신 그대로 성막이 완성되고, 하나님께서 그 성막에 임하심으로 하나님의 약속은 성취됩니다.

READING JESUS

리딩지저스
: 그리스도 중심으로 읽는 출애굽기

출애굽기에서는 아브라함, 이삭, 야곱의 시대에는 경험하지 못했던 하나님의 놀라운 능력이 펼쳐집니다. 이스라엘 백성은 자연 질서를 뛰어넘는 놀라운 기적들을 경험합니다. 하지만 출애굽기에 기록된 이야기들은 그리스도 안에서 우리가 경험하는 하나님의 능력에 비하면 여전히 아무것도 아닙니다. 이 모든 것이 완성된 복이 그리스도를 통해 우리에게 주어집니다.

예수님은 "우리의 유월절 양"(고린도전서 5:7)이십니다. 유월절 어린 양이 그랬듯 그리스도는 우리 대신 하나님의 저주를 감당하셨습니다. 그리고 예수님만이 주의 사자가 내리는 죽음의 심판에서 우리를 보호할 유일한 피난처가 되십니다. 매년 유월절 규례를 지키는 것이 이스라엘 공동체의 정체성을 보여 주는 것이었다면, 예수님이 주시는 새 언약의 떡을 먹고 새 언약의 피를 마시는 것은 새로운 언약 공동체를 정의하는 규례가 됩니다. "내가 진실로 진실로 너희에게 이르노니 인자의 살을 먹지 아니하고 인자의 피를 마시지 아니하면 너희 속에 생명이 없느니라"(요한복음 6:53).

성찬을 나눌 때마다 우리는 십자가와 출애굽 사건을 기억하고, 그리스도가 친히 자기 백성을 위해 성취하신 언약을 되새깁니다. 동시에 그리스도가 다시 오셔서 자기 백성에게 영원한 유업을 주시고 언약을 완전히 성취할 그날을 소망하며 바라봅니다. 그날에는 그리스도 안에 있는 우리도 새 언약 공동체에 속한 자로서 새 하늘과 새 땅의 처음 난 자들이 될 것입니다.

창세기 마지막 장에서 한 페이지만 넘기면 바로 출애굽기가 시작됩니다. 하지만 그 사이에는 400년이라는 긴 세월이 흐릅니다. 애굽으로 이주할 때 70명 정도였던 이스라엘(야곱)의 가족은 400년이 지나는 동안 셀 수 없을 정도로 많이 불어나 이스라엘 민족이 되었습니다. 애굽 왕은 계속 번성하는 이스라엘을 위협 대상이라고 판단해, 노예로 부리던 그들을 더욱 핍박합니다. 이스라엘 백성은 여호와께 부르짖었고, 여호와 하나님은 자신이 세운 언약을 기억하여 모세를 이스라엘 민족을 구할 사람으로 보내십니다. 그러나 모세는 여러 이유를 들어가며 이의를 제기합니다. 모세는 자신이 누구이기에 이스라엘 백성을 애굽에서 이끌고 나오겠느냐고 하나님께 묻습니다. 하나님은 네가 누구인지가 중요한 게 아니며, 내가 너와 이스라엘 백성과 함께한다는 사실이 중요하다며 자신이 부른 모세를 설득하십니다.

모세는 아론과 함께 바로에게 가서 이스라엘 백성을 내보내라는 하나님의 말씀을 전합니다. 하나님은 자기 백성을 애굽에서 끌어내어 노예의 삶에서 벗어나게 하고, 약속의 땅에서 하나님을 섬기며 살게 하고 싶으셨습니다. 그러나 바로는 이스라엘 백성을 순순히 내보내지 않습니다. 이에 하나님은 애굽에 열 가지 재앙을 내려서 바로와 애굽 신들에게 전쟁을 선포하고 결국 승리하십니다.

이스라엘 백성은 애굽을 탈출해 광야를 지나는 여정을 시작합니다. 첫 목적지인 시내 산에서 하나님은 모세와 언약을 맺으십니다. '시내 산 언약'은 하나님과 하나님 백성 간의 관계를 풍성하게 하려는 데 목적이 있었습니다. 하나님이 언약을 세우시고 이스라엘 자손들은 하나님이 정하신 율례를 받아들임으로 하나님의 왕 되심과 그분의 통치를 인정합니다.

하나님은 모세에게 성막을 어떻게 지어야 하는지 자세히 알려 주십니다. 성막은 하나님이 머무시는 곳이며, 동시에 하나님과 그 백성이 만나는 곳입니다. 거룩하신 하나님은 자기 백성 가운데 머무셨지만, 죄인들을 보호하기 위해 거룩함에 따라 성막 구조를 구분해 경계를 분명히 하셨습니다.

성막은 새로운 출발을 의미하며 이스라엘을 통해 새로운 인류가 시작되었음을 보여 줍니다. 하나님은 성막에서 모세를 만나고, 자기 백성들을 위한 가르침을 주실 것입니다. 그러나 성막이 새 창조를 의미한다면 성막에 관한 하나님의 계획이 선포되자마자 또 다른 타락이 뒤따르는 것 또한 당연했습니다. 천지창조에 이어서 아담과 하와의 타락이 등장하는 것과 마찬가지입니다. 이스라엘 백성은 하나님이 거하실 성막 대신에 금송아지를 만듭니다. 하나님과의 언약을 깨뜨리는 행동을 서슴지 않습니다. 하지만 이스라엘 족장들과 맺은 언약을 지키려는 하나님의 신실하심과 모세의 중재에 힘입어 하나님은 언약을 다시 맺으십니다. 그들 가운데 함께하시겠다고 다시 한번 약속하십니다. 이 약속은 성막 건축이 마무리되면서 함께 성취됩니다.

❶ 애굽의 이스라엘 백성은 고된 노동과 핍박을 견디다 못해 여호와께 부르짖습니다. 여호와 하나님은 그들의 신음을 들으시고 자신이 세운 (   )을 기억하여 (   )를 이스라엘 민족을 구할 사람으로 보내십니다.
성경수업 Lesson 1

❷ "이스라엘의 하나님 여호와께서 이렇게 말씀하시기를 내 백성을 보내라 그러면 그들이 광야에서 내 앞에 (   )를 지킬 것이니라 하셨나이다"(출애굽기 5:1)
애굽 탈출의 목적은 이스라엘 자손에게 완전한 (   )를 주는 것이 아닙니다. 애굽 노예의 삶에서 벗어나 새로운 형태의 (   )으로 살아가기 위해서입니다. 성경수업 Lesson 2

❸ 이스라엘 백성은 해마다 유월절에 제물로 드린 양을 함께 먹으며 하나님과의 관계를 새롭게 하고, 옷을 입고 떠날 준비를 하면서 자신들이 이 세상에 속하지 않은 이방인이요 나그네라는 사실을 기억합니다. 그들은 (   )을 통해 자신들의 정체성을 다시 한번 되새깁니다. 성경수업 Lesson 2

❹ "너희는 모든 민족 중에서 내 소유가 되겠고 너희가 내게 대하여 (   )
나라가 되며 (   )이 되리라"(출애굽기 19:5-6)
하나님이 시내 산에서 이스라엘 백성에게 주신 율법은 그 자체가 목적
이 아니라, 여호와와 그 백성의 (   )를 풍성하게 하기 위한 것입니다.
(성경수업 Lesson 3)

❺ 하나님은 모세와 대면하는 동안에, 또 대면한 후에 성소, 곧 (   )을 어
떻게 지어야 하는지 자세히 알려 주십니다. 위대한 왕이신 하나님은 자기
백성을 시내 산에서 단 한 번 만나고 마는 분이 아닙니다. 그들 가운데로
찾아가셔서 (   ) 머무시는 분입니다. (성경수업 Lesson 4)

❻ 성막은 두 가지 상징을 담고 있습니다. 하나는 하나님의 (   )이
고, 다른 하나는 거룩한 하나님과 죄인들을 분리해 죄인들을 (   )하는
것입니다. (성경수업 Lesson 4)

정답

1. 언약, 모세 2. 절기, 자유, 종 3. 유월절 4. 제사장, 거룩한 백성, 관계 5. 성막, 함께 6. 친밀하
심, 보호

❶ 예수님은 유월절 어린 양이 되셔서 우리를 대신하여 하나님의 심판을 감당하셨습니다. 예수님이 유월절 어린 양이 되셔야만 했던 이유는 무엇인가요?

❷ 이스라엘 백성은 애굽을 떠나 광야에 들어섭니다. 그들의 첫 목적지인 시내 산에 왔을 때 하나님은 모세를 불러 언약을 맺으시고 그들에게 무엇을 주셨나요?

❸ 하나님은 시내 산에서 이스라엘 백성에게 율법을 주신 다음 그들을 하나
님의 백성으로 삼아 주셨습니다. 동일한 하나님께서 그 약속의 말씀을 믿
는 우리 또한 그분의 백성으로 삼아 주셨습니다. 하나님의 백성이 된 나는
하나님의 왕 되심을 인정하는 삶을 살고 있나요?

❶ 성경 말씀에 기초해, 찬양과 감사의 기도를 드립니다.

세계가 다 내게 속하였나니

너희가 내 말을 잘 듣고 내 언약을 지키면

너희는 모든 민족 중에서 내 소유가 되겠고

너희가 내게 대하여 제사장 나라가 되며 거룩한 백성이 되리라

출애굽기 19:5-6

❷ 일상의 변화를 소망하며, 회개와 결단의 기도를 드립니다.

❸ 서로를 위해, 또 교회를 위해 기도합니다.

시편 105편 1-3절, 38-45절

여호와께 감사하고 그의 이름을 불러 아뢰며

그가 하는 일을 만민 중에 알게 할지어다

그에게 노래하며 그를 찬양하며

그의 모든 기이한 일들을 말할지어다

그의 거룩한 이름을 자랑하라

여호와를 구하는 자들은 마음이 즐거울지로다

그들이 떠날 때에 애굽이 기뻐하였으니

그들이 그들을 두려워함이로다

여호와께서 낮에는 구름을 펴사 덮개를 삼으시고

밤에는 불로 밝히셨으며

그들이 구한즉 메추라기를 가져오시고

또 하늘의 양식으로 그들을 만족하게 하셨도다

반석을 여신즉 물이 흘러나와 마른 땅에 강같이 흘렀으니

이는 그의 거룩한 말씀과 그의 종 아브라함을 기억하셨음이로다

그의 백성이 슬겁게 나오게 하시며

그의 택한 자는 노래하며 나오게 하시고

여러 나라의 땅을 그들에게 주시며

민족들이 수고한 것을 소유로 가지게 하셨으니

이는 그들이 그의 율례를 지키고

그의 율법을 따르게 하려 하심이로다 할렐루야

4

레위기

레위기는 성경통독을 하려는 우리의 의지를 무너뜨리기로 유명한 책입니다. 구약의 제사, 레위인의 규례, 부정 규례 등 오늘날을 살아가는 우리와 관련 없어 보이는 내용이 가득하기 때문입니다. 그러나 제사 제도나 규례 안에 담긴 풍성한 의미를 알게 된다면, 회복으로 이끄시는 하나님의 은혜에 감격하며 레위기를 읽을 수 있습니다. 레위기는 이스라엘 백성이 언약 관계 안에서 왕이신 하나님께 나아가는 방법과 죄로 인해 언약 관계가 깨졌을 때 회복하는 방법을 알려 주는 책이기 때문입니다.

이번 주에는 레위기 전체를 통독하면서, 성경수업을 통해 희생 제사와 제사장, 이스라엘 절기에 대한 규례를 알아보고, 이 모든 것이 그리스도 안에서 어떻게 성취되며 오늘날 그리스도인에게 어떻게 적용되는지 살펴보겠습니다.

리딩지저스 1권 4강: 레위기

QR코드를 찍으면 '레위기' 리딩지저스 영상으로 바로 연결됩니다. 또는 유튜브에서 '리딩지저스 레위기'를 검색하여 시청할 수 있습니다. '성경읽기'와 '성경수업'을 시작하기 전에 리딩지저스 영상을 시청하면 도움이 됩니다.

이번 주 성경읽기 스케줄

주일	리딩지저스 영상 시청, 성경수업 읽기			
	기본 읽기		핵심 읽기	
월	레 1-5장	완독	레 1장	
화	레 6-10장		레 9장	
수	레 11-15장		레 14장	
목	레 16-20장		레 16장	
금	레 21-25장		레 23장	
토	레 26-27장		레 26장	

1일차 구약의 제사

기본 읽기 레위기 1-5장
핵심 읽기 레위기 1장

레위기를 펼치면 처음에는 비슷한 내용이 계속 이어지는 듯 보입니다. 특히 1장부터 5장까지는 '내가 잘못 읽었나?' 싶을 정도로 내용이 유사합니다. 레위기의 첫 다섯 장은 구약시대 제사를 설명하는 부분이기 때문입니다. 그 제사들은 기본적으로 피가 필요한 제사였습니다. 번제와 화목제와 속죄제와 속건제는 짐승을 잡아서 손질한 다음, 내장을 제거하고 피를 제단 사면에 뿌린 후에 태워서 하나님께 올려 드리는 제사입니다. 소제만이 곡식 가루로 빵을 빚어서 드리는 제사였습니다. 이스라엘 백성이 하나님께 나아가는 방법에 관한 내용이 레위기의 첫 다섯 장을 채우고 있습니다. 예수님이 오시기 전까지는 이러한 복잡하고 번거로운 제사를 지내야만 했습니다.

2일차 하나님을 바르게 예배하려면

기본 읽기 레위기 6-10장
핵심 읽기 레위기 9장

구약성경의 다섯 제사인 번제, 소제, 화목제, 속죄제, 속건제는 중요한 제사였습니다. 여기에 더해서 대제사장 위임식 때도 제사를 드려야 했습니다. 아론의 자손만 제사장이 될 수 있었는데, 이들 역시 인간이라서 자신의 죄를 사하는 속죄 의식이 필요했습니다. 세밀하게 마련된 규정을 따라 첫 번째 대제사장 아론이 세워졌고, 이스라엘은 하나님이 세우신 규례대로 예배를 드릴 수 있게 됩니다. 그러나 이 과정에서 나답과 아비후는 하나님이 명령하신 것과는 다른 불로 향을 피워 가져왔다가 하나님 앞에서 죽습니다. 하나님을 바르게 예배하려면 하나님이 정하신 규정과 방법대로 예배해야 합니다.

3일차 공동체의 정결을 위한 규정

기본 읽기 레위기 11-15장
핵심 읽기 레위기 14장

제사법 말고도 세세한 규정이 많았습니다. 하나님은 이스라엘 백성이 이런 규정을 잘 지켜서 정결한 공동체가 되기를 바라셨습니다. 먹을 수 있는 짐승과 먹을 수 없는 짐승을 나누셨고(11장), 출산하고 나서 해야 할 일(12장)과 피부병이나 가정 위생(13장), 각종 유출병(15장)에 관한 규정을 알려 주셨습니다. 여기에 더해 부정해진 사람이 어떻게 하면 다시 정결해져서 공동체에 복귀할 수 있는지에 관한 규정도 있었습니다(14장). 이를 통해 우리가 알 수 있는 것은 이런 규정들의 목적이 정죄가 아니라 회복이라는 것입니다.

4일차 영적 정결을 위한 규정

기본 읽기 레위기 16-20장
핵심 읽기 레위기 16장

외부로 드러나는 정결을 유지하는 규정도 있었지만, 영적 정결을 위한 규정도 있었습니다. 16장이 대표적입니다. 하나님은 이스라엘 민족 전체의 죄를 사하는 속죄일 규정을 마련하셨습니다. 속죄일에 희생되는 숫염소 두 마리를 통해 하나님은 이스라엘이 영적 정결을 유지하도록 하셨습니다. 또한 당시 주변에 널리 퍼져 있던 여러 음란한 풍습을 금지하고, 하나님 백성답게 거룩하게 살라고 명령하셨습니다. 예수님이 자신을 제물로 드리시기 전까지 이스라엘의 영적 정결은 매년 되풀이되는 대속죄일을 통해 한시적으로 유지되었습니다.

기본 읽기 레위기 21-25장
핵심 읽기 레위기 23장

여러 제사가 하나님을 바르게 섬기는 방법을 알려 주었다면, 각종 절기는 하나님 백성답게 살아가는 방법을 알려 주었습니다. 구약시대 절기는 유월절, 무교절, 칠칠절, 속죄일, 초막절 등이 있습니다. 절기는 아니었으나 반드시 지켜야 하는 안식일도 있었습니다. 하나님은 이스라엘 백성이 하나님 안에서 진정한 안식을 누리기를 원하셨습니다. 하나님이 천지를 창조하시고 일곱째 날에 안식하셨듯이 이스라엘도 안식하기를 바라셨습니다. 그래서 7년마다 안식년을 가지고, 일곱 번째 안식년이 지난 다음에는 희년을 선포하도록 하셨습니다. 여러 절기와 안식일, 안식년, 희년을 통해 이스라엘은 오직 하나님만이 진정한 안식을 주실 수 있음을 배웠으며, 감사와 기쁨을 회복했습니다.

기본 읽기 레위기 26-27장
핵심 읽기 레위기 26장

레위기 마지막 부분은 하나님을 온전히 섬겨야 한다고 가르칩니다. 우상을 섬기지 말고, 가진 재물도 하나님께서 주신 것임을 인정하며 하나님만 섬기라고 경고합니다. 또한 주께 드리는 예물에 관한 규정이 상세하게 나옵니다. 이처럼 레위기에는 하나님 백성으로 살기 위한 원칙들이 빼곡히 담겨 있습니다.

2부
성 / 경 / 수 / 업

부정함에서 정결함으로

또 나 여호와가 모세를 통하여
모든 규례를 이스라엘 자손에게
가르치리라

레위기 10장 11절

희생 제사의 세 가지 역할

레위기

1-7장

레위기 첫 부분의 핵심은 이스라엘이 드려야 하는 여러 희생 제사입니다. 희생 제사를 지내는 다양한 방법이 레위기 1-7장에 자세히 나옵니다. 구약성경의 제사는 기본적으로 세 가지 역할을 했습니다. 각각의 역할은 왕이신 하나님과 그 백성의 관계와 깊은 관련이 있습니다.

구약시대 희생 제사의 첫 번째 역할은 '속죄'입니다. 언약 관계가 깨졌을 때 다시 회복하는 방법을 구체적으로 알려 줍니다. 언약을 깨뜨린 사람은 대속물을 바쳐서 사형을 면할 수 있습니다. 희생 제사 중에는 인간의 죄로 인해 하나님과 인간 사이에 장애물이 생기면 이를 해결하기 위해 드리는 제사도 있습니다. 이런 제사가 바로 제물을 바치는 사람의 죄를 대속하는 제사입니다. 하나님이 정하신 율법과 그분의 거룩한 성품에 근거하면 죄를 지은 사람은 사형을 받아야 마땅하나 희생 제사를 드려서 자신의 죄를 씻을 수 있습니다. 이러한 속죄에 초점을 둔 제사가 레위기 1장에 나오는 '번제'(burnt offering) 또는 '전번제'(whole burnt offering)입니다.

구약시대 희생 제사의 두 번째 역할은 '예물'입니다. 고대 근동에서는 왕의 주권을 인정하는 방법으로 해마다 예물을 바쳤습니다. 레위기에 나오는 희생 제사 중에도 하나님의 주권을 인정한다는 의미에서 제물을 바치는 제사가 있었습니다. 이 같은 제사가 레위기 2장에 나오는 '소제'(grain offering)입니다. '소제'를 뜻하는 히브리어는 '왕에게 바치는 예물'이라는 뜻으로도 쓰였습니다(사무엘상 10:27). 예를 들어, 사울을 왕으로 인정하기 싫었던 무리가 '예물'(*Minchot*, 민홋)을 바치지 않았다고 나옵니다.

구약시대 희생 제사의 세 번째 역할은 '성찬'입니다. 언약을 처음 맺거나 새롭게 할 때마다 마지막 의식은 항상 성찬이었습니다. 출애굽기 24장에서도 이스라엘의 장로들이 시내 산에 올라가 하나님께서 모세와 맺으신 언약을 인증한 다음에, 함께 먹고 마시는 것으로 언약 체결 의식을 마무리합니다. 구약시대 희생 제사도 하나님 앞에서 먹고 마시는 성찬 기능을 할 때가 있습니다. 성찬에 초점을 둔 제사로는 레위기 3장에 나오는 '화목제'(peace offering 또는 fellowship offering)가 있습니다. 화목제를 지낼 때는 제물의 기름만 불에 살라서 바칩니다. 나머지 부위는 제물을 바친 자에게 돌려주어 가족들이 다 함께 여호와 앞에서 먹고 마시도록 합니다.

지금까지 살펴본 세 가지 측면을 종합하면, 구약성경의 희생 제사가 어떤 역할을 했는지를 파악할 수 있습니다. 이스라엘 민족은 희생 제사를 통해 언약 관계 안에서 생겨난 불화를 치유하고, 언약 관계에 따르는 의무를 이행하고, 언약 관계로 인한 복을 누렸습니다.

율법과 은혜의 중보자

제사장의

역할

다음으로 우리가 레위기에서 주목할 내용은 하나님께서 거룩하게 구별해 세우신 '제사장'입니다. 이스라엘의 제사장은 아무나 될 수는 없었고, 아론의 후손만이 가능했습니다. 그렇다면 구별하여 세운 제사장의 역할은 무엇이었을까요?

제사장들은 우림과 둠밈[*]으로 하나님 뜻을 분별하고, 여호와의 율법과 규례를 가르치며 제단을 관리했습니다. 그들은 하나님과 인간 사이에서 중재자 역할을 했습니다. 분향단에 향을 피우고 번제를 바치며 희생 제사를 드렸습니다. 우리는 흔히 선지자가 하나님을 대변하여 그 말씀을 백성에게 전하고, 제사장은 하나님 앞에 나아가 백성을 대변하는 역할을 한다고 알고 있습니다. 하지만 선지자도 제사장처럼 하나님 앞에 나아가 백성을 위해 탄원하기도 하고, 제사장도 선지자 못지않게 하나님 뜻을 분별하며 율법을 가르치기도 했습니다. 여호와께서도 아론에게 "너희는 나 주가

---

[*] **우림과 둠밈** 하나님의 뜻을 묻는 도구로서 대제사장이 판결 흉패 안에 넣었습니다. 이스라엘 자손의 시비를 가릴 때는 언제나 가슴에 지녀야 했으며(출애굽기 28:30), 그 모양이나 재질이 어떠한지는 알려지지 않았습니다.

모세를 시켜 말한 모든 규례를 이스라엘 자손에게 가르쳐야 할 사람들이다"(레위기 10:11, 표준새번역)라고 말씀하시면서, 특히 정결 규례를 강조하셨습니다(레위기 10:10).

그리고 제사장은 하나님과의 언약 관계가 깨졌을 때 그에 합당한 희생 제사를 드려서 언약 관계를 회복하는 역할을 담당합니다. 언약의 중보자인 제사장은 백성을 위해 하나님께 탄원하는 역할도 했습니다. 백성의 죄로 인해 하나님과 백성 사이에 생긴 장애물을 거두어 달라고 간청했습니다. 이런 역할을 하는 제사장은 그 자신도 하나님의 규례에 따라 정결해야 했습니다. 제사장에 관한 정결 규례를 상세히 기록한 것도 이 때문입니다(레위기 21장). 제사장들은 이스라엘 백성에게 적용되는 율법보다 더 엄격한 기준을 요구받았습니다. 제사장이 입는 의복도 성막과 동일한 소재로 만들었는데, 거룩하게 구별하여 왕이신 하나님께 속한 사람임을 강조하기 위해서였습니다.

또한 제사장들은 하나님의 거룩하심을 수호하고 성막과 성전을 지켰습니다. 이스라엘 민족이 광야 길을 가는 동안 레위인은 성소 가장 가까운 곳에 머물렀습니다. 그리고 제사장들은 장막을 옮길 때마다 언약궤를 지고 가는 역할을 담당했습니다. 또한 이스라엘 백성이 정결 규례를 지키도록 돌보았습니다. 나병이 의심되는 사람은 제사장에게 가서 자신을 보여야 했고, 의복에 곰팡이가 생긴 사람들도 제사장을 찾아가 확인을 받아야 했습니다.

따라서 제사장은 이스라엘 공동체 안에서 율법과 은혜의 중보자였다고 할 수 있습니다. 하나님의 율법을 가르치고 정결 규례에 따라 거룩한 처소를 지키면서 율법의 중보자 역할을 했습니다. 희생 제사를 지내고 백성을 위해 기도하며 여호와의 말씀으로 지도하는 은혜의 중재자 역할도 했습니

예수님은 아버지의 뜻을 온전히 알고 그에 따라 행동했으며, 결국 아버지의 원대로 십자가에 달리십니다. 백성들을 대신하여 **완전한 삶**을 사신 분은 예수님뿐입니다. 그리고 오직 예수 그리스도만이 단 한 번의 제사로 **영원한 속죄**를 이루셨습니다.

다. 또한 그들은 정결한 자의 모범이 되었습니다. 백성을 대신해 희생 제사 의식을 올렸고, 그들이 보인 본을 따라 백성이 살아가도록 감독하고 격려했습니다.

이 모든 역할은 새 언약의 유일한 대제사장이시며 우리의 본이 되신 예수 그리스도 안에서 성취되었습니다. 예수님은 하나님이 인간의 모습으로 거하신 유일무이한 분입니다. 구약시대 성막에서와 같이 우리는 그리스도 안에서 하나님의 영광을 봅니다. 하나님은 그리스도를 성령으로 충만하게 하셨습니다. 그리고 아버지의 뜻을 온전히 알고 행하게 하셨습니다. 또한 예수님은 성소를 지키는 분으로서 성전에서 매매하는 자들과 돈 바꾸는 자들의 상을 엎으셨습니다. 백성들을 대신하여 완전한 삶을 사신 분은 오직 예수님 한 분밖에 없습니다. 그리고 오직 예수 그리스도만이 단 한 번의 제사로 영원한 속죄를 이루셨습니다. 예수님은 진실로 참 대제사장이

시며, 새 언약 안에 있는 백성에게 율법과 은혜의 중보자가 되십니다. 예수님의 사역은 성전이신 그 몸을 완전한 제사로 드리고 그 피로써 속죄하신 데서 끝나지 않았습니다. 지금도 하나님 우편에 앉으셔서 성도들을 위해 끊임없이 중보하고 계십니다. 옛 언약 아래 있을 때는 제사장이 백성에게 하나님의 복을 선포했지만, 신약성경에서는 오직 예수님만이 손을 들어 그 백성을 축복하십니다(누가복음 24:50). 따라서 우리가 구약성경의 제사장 역할을 이야기할 때는 예수 그리스도께서 그 역할을 성취하셨다는 사실을 함께 떠올려야 합니다.

부정함에서 정결함으로

다양한 규례의

목적

이어지는 레위기 11-15장에서는 제사장의 역할과 자연스럽게 연결되는 정결 규례와 부정 규례(부정한 것에 대한 규례)를 다룹니다. 부정해지는 원인과 이를 다루는 방법을 가르치는데, 이를 통해 이스라엘 백성은 이 땅에서 살아가는 동안 의식적(ritual) 부정과 도덕적(moral) 부정을 구분해서 이해하게 됩니다. 우리는 이스라엘 백성이 지켜야 했던 다양한 규례에서 하나님을 섬기는 데 얼마나 세심한 주의가 필요한지를 알 수 있습니다.

먼저 음식에 관한 규례를 살펴볼까요? 굽이 갈라진 쪽발이면서 새김질하는 짐승은 먹을 수 있으나 그렇지 않은 것은 왜 부정하다고 했을까요? 소, 양, 염소는 먹을 수 있으나 낙타, 돼지, 토끼는 왜 먹지 못하게 했을까요? 수중 생물 중 지느러미와 비늘이 있는 것은 괜찮지만, 물속에서 우글거리는 고기 떼나 지느러미가 없고 비늘이 없는 것은 왜 먹지 말라고 금지했을까요? 다양한 해석이 있으나 아마도 가장 적절한 해석은, 부정하다고 여긴 짐승의 형태나 습성이 같은 종의 짐승과 비교했을 때 상이했기 때문이라는 것입니다. 보편적 특징을 넘어서는 어떤 부정함이 있다고 여긴 것입니다.

특정한 동물을 부정하게 여긴 이유를 아는 것보다 더 중요한 것은 이러한 구분이 이스라엘 백성의 삶에서 무슨 의미가 있는가입니다. 당시 고대 근동에서는 부정한 짐승, 정결한 짐승, 제사에 사용하는 짐승, 이렇게 세 종류로 짐승을 구분했습니다. 제물로 바칠 짐승은 당연히 정결한 짐승으로 분류한 것 중에서 뽑았습니다. 정결한 짐승 중에서도 흠 없는 것을 골라 정해진 규례에 따라 희생 제물로 바쳤습니다. 짐승에 대한 구약성경의 이해에서 당시 이스라엘이 이방 나라들을 어떻게 이해했는지를 알 수 있습니다. 부정한 짐승은 하나님 앞에서 부정한 나라를 의미하고, 정결한 짐승은 하나님 앞에서 정결한 이스라엘을 의미했습니다. 이스라엘 백성 중에서도 제사장들은 제물로 드리는 흠 없는 짐승처럼 거룩한 이들로서 그 역할을 감당했습니다.

하지만 그리스도께서 이 땅에 오셔서 자신을 통해 이스라엘을 새롭게 정의하시면서 구약시대의 이러한 이해는 완전히 바뀝니다. 이제 인류는 대제사장이신 예수 그리스도를 통해 이스라엘에 속하게 됩니다. 유대인과 이방인 모두 그리스도 안에서 하나님의 정결한 백성이 되었습니다. 아브라함 자손과 이방 민족의 구분은 이제 사라졌습니다. 혈통에 따라 정해졌던 이스라엘 민족과 부정한 짐승처럼 여겨졌던 이방 민족이 하나가 되었습니다. 베드로가 본 환상(사도행전 10장), 베드로가 부정하다고 여겼던 짐승들을 하나님께서 잡아먹으라고 말씀하시는 장면은 유대인과 이방인의 구별이 완전히 사라졌음을 단적으로 보여 줍니다.

체액에 관한 규례는 의도했든 아니든 생명과 관련한 내용을 다룹니다. 이를테면 정액이나 피 같은 것들입니다. 피를 흘린다고 무조건 다 부정해지는 것은 아닙니다. 생육하고 번성하는 일과 관련해서 흘리는 체액만이 부정 규례에 해당합니다. 따라서 이런 체액을 배출한 사람은 살아 계신 하나님의 임재 앞에 나아갈 수 없었습니다. 정해진 규례에 따라 정결해진 후에야 하나님 앞에 나아갈 수 있었습니다.

피부병이나 옷과 집에 퍼지는 곰팡이 관련 규례는 이해하기에 다소 복잡한 부분이 있습니다. 감염된 것이 퍼졌는지 한자리에 머물렀는지가 중요했습니다. 여러 날 동안 퍼지지 않고 그대로 있으면 부정하다고 여기지 않았습니다. 다만 퍼지지 않았어도 생김새만으로도 이미 위험한 피부병이라면 부정하다고 여겼습니다. 이 같은 부정 규례는 다른 것들을 부정하게 만드는 죄의 본질을 잘 보여 줍니다. 죄는 주변에 쉽게 퍼지고 전인격에 영향을 줍니다. 죄는 피부병처럼 죽음을 부르는 질병입니다. 피부병처럼 사람을 잠식해 들어갑니다. 피부병으로 부정해진 사람은 언약 공동체에 머무를 수 없었습니다. 공동체 밖으로 쫓겨났습니다. 이런 종류의 부정함은 질병에 걸린 사람에게 직접 영향을 줄 뿐만 아니라 성막도 부정하게 만들었습니다. 따라서 여호와께서 그 가운데 계시려면 반드시 다시 정결케 해야 했습니다.

이처럼 다양한 규례의 목적이 정죄가 아니라 정결임을 우리는 알아야 합니다. 하나님께서 이런 규례를 주신 목적은 부정해진 사람을 판단하고 정죄하기 위해서가 아니라, 오히려 그들을 여호와 앞으로 나오도록 초청하여 정결케 하기 위해서입니다.

대속죄일과 예수 그리스도

피난처 축제

앞서 살펴본 정결 규례와 부정 규례는 해마다 지키는 정결 의식 절기와 연관되어 있습니다. 그 절기는 바로 '대속죄일'이며, 레위기 16장에서 자세히 설명합니다. 히브리어로 '욤 키푸르'라고 부르는 이날은 아마도 '피난처 축제'라는 표현이 원어에 가장 가까울 것입니다. 피난처 축제는 세 가지 축제로 이루어지는데, 일곱째 달 1일에 지키는 나팔절, 같은 달 10일에 지키는 대속죄일, 같은 달 15일부터 일주일간 지키는 초막절입니다.

피난처 축제의 시작을 알리는 나팔절에는 하루 동안 어떤 노동도 하지 않고 안식하면서 거룩한 모임을 하고 희생 제사를 하나님께 드렸습니다. 또 나팔을 크게 불며 이날을 기념했습니다. 나팔을 부는 행위는 하나님의 왕 되심을 인정하고, 하나님께서 이스라엘 백성을 통치하신다는 사실에 기쁨을 표현하는 것이었습니다.

그러고 나서 9일에 걸쳐 금식하며 죄를 고백하고 엎드린 다음, 대속죄일에 이스라엘 백성의 죄를 정결하게 하는 의식을 거행합니다. 이 의식은 대제사장이 백성을 대표해 치릅니다. 대제사장은 가장 먼저 몸을 깨끗이 씻고 화려한 제사장 옷 대신에 하얀 세마포로 만든 종의 옷을 입습니다.

그다음에 수송아지를 잡아 자신과 자기 집안을 위한 속죄제를 드리고, 향가루를 숯불에 태워 그 연기로 언약궤 위의 속죄소를 가려서 자신을 보호합니다. 또한 속죄 제물의 피를 속죄소 동쪽과 앞에 뿌립니다. 이처럼 자기 죄를 먼저 씻은 대제사장은 이제 언약 백성을 정결하게 하는 속죄제를 위해 염소를 바칩니다. 그러고는 함께 준비해 둔 살아 있는 염소 머리 위에 두 손을 얹고 이스라엘 자손의 모든 불의와 온갖 죄를 아뢴 다음에, 그 모든 죄를 염소 머리에 씌워서 미리 정한 사람에게 맡겨 광야로 내보냅니다. 그렇게 염소는 이스라엘 자손의 온갖 죄를 짊어지고 회막에서 아주 멀리 떨어진 곳으로 갑니다. 그러고 나서 숫양 두 마리를 번제로 드립니다. 하나는 자신을 위해, 다른 하나는 백성을 위해 바칩니다. 이때 속죄 제물로 바쳤던 짐승들의 기름도 함께 불사릅니다. 이 모든 일을 다 마치면 속죄제로 바친 수송아지와 염소의 고기를 회막 밖으로 가지고 나와서 태웁니다.

우리는 대속죄일 의식을 통해 속죄 과정의 이중적 측면을 발견합니다. 먼저, 속죄 제물의 대속적 죽음을 통해서는 죄가 씻기고 성막이 정결해집니다. 제사장의 죄를 먼저 속죄하고 이어서 백성의 죄를 속죄합니다. 1년에 단 하루, 대속죄일에만 하나님께서 임재하는 휘장 너머 지성소에 제물의 피를 가지고 들어갑니다. 또 다른 한편에서는, '속죄 염소'를 광야로 내보내 먼 곳으로 놓아줍니다. 백성의 죄를 하나님 앞에서 몰아내어 진영 밖 멀리 떨어진 곳으로 보내 버립니다. 이는 시편 기자가 노래하듯 "동이 서에서 먼 것같이 우리의 죄과를 우리에게서 멀리 옮기"(시편 103:12)시는 것입니다.

대속죄일 의식에서 예수 그리스도를 발견하기란 그리 어렵지 않습니다. 예수님은 우리의 대제사장이십니다. 종의 형체로 이 땅에 오셔서 자기 피로 자기 백성의 죄를 속하셨습니다. 동시에 예수님은 대속죄일의 속죄 제

예수님은 십자가에 달리셨을 때 하나님에게서 버림받는 지옥을 경험하셨습니다. 어둠과 적막만이 예수님을 감쌌습니다. 하지만 **우리 죄를 지고 흑암으로** 가신 예수님은 거기서 모든 죄를 단번에 사하고 승리하신 후에 돌아오십니다.

물이십니다. 히브리서 저자는 이에 대해 이렇게 말합니다.

> 죄를 위한 짐승의 피는 대제사장이 가지고 성소에 들어가고 그 육체는 영문 밖에서 불사름이라 그러므로 예수도 자기 피로써 백성을 거룩하게 하려고 성문 밖에서 고난을 받으셨느니라(히브리서 13:11-12)

예수께서 십자가에서 속죄 제물로 죽으셨을 때 휘장이 둘로 갈라지면서, 대제사장 외에는 누구에게도 허락되지 않았던 하나님의 임재 안으로 들어가는 길이 열렸습니다. 또한 예수님은 속죄 염소이십니다. 예수님은 십자가에 달리셨을 때 하나님에게서 버림받는 지옥을 경험하셨습니다. 그래서 "나의 하나님, 나의 하나님, 어찌하여 나를 버리셨나이까"라고 부르짖으십니다. 어둠과 적막만이 예수님을 감쌌습니다. 하지만 우리 죄를 지고 흑암이라는 광야로 가신 예수님은 거기서 모든 죄를 단번에 사하고 승리하신 후에 다시 돌아오십니다.

나팔절과 대속죄일 이후에 초막절이 찾아옵니다. 앞선 두 절기는 초막절을 예비하는 절기입니다. 초막절은 광야에 머무는 동안 지켜야 했던 절기가 아니라 약속의 땅에 들어간 다음에 지켰던 절기입니다. 약속의 땅에 들어가 정착한 후에 광야에서 필요한 것들을 공급해 주신 하나님을 기념하고, 추수한 감람나무 열매와 포도 열매를 놓고 감사하고 기뻐하며 일곱 날을 보냈습니다. 특히 엄숙하게 보냈던 대속죄일 후라서 감사와 기쁨이 더욱 넘쳤습니다.

칠칠절과 하나님 나라 추수

오순절의

의미

이전 수업을 통해 이미 이스라엘 3대 절기 중 두 절기를 살펴보았습니다. 바로 유월절과 초막절입니다. 이제 마지막 세 번째 절기인 칠칠절을 살펴보려고 합니다.

'칠칠절'은 추수를 감사하는 절기입니다. 초실절에서 7주(49일)를 세고 50일째가 되는 날에 지킨 절기입니다. 50일째라서 '오순절'이라고도 했습니다. 참고로 초실절은 유교절과 무교절 후에 첫 열매를 추수할 때 지킨 절기입니다(레위기 23:9-14). 이스라엘 백성은 첫 곡식을 수확하면 여호와께 드릴 곡식단을 따로 구분해 놓아야 했습니다. 그렇게 구별한 곡식단을 제사장이 유월절 이후 첫 안식일 다음 날(초실절)에 하나님 앞에 드렸습니다. 그리고 나서야 백성은 자신들이 추수한 곡식을 먹을 수 있었습니다. 칠칠절도 초실절처럼 추수를 감사하는 절기로, 추수한 첫 열매로 떡 두 개를 만들어 제물로 드렸습니다.

구약시대 후기부터는 시내 산에서 율법을 받은 사건과 칠칠절을 연결해서 지키기 시작했습니다. 둘을 하나로 묶어서 지킨 이유는 다른 절기들을 살펴보면 쉽게 이해할 수 있습니다. 이스라엘의 달력은 애굽 탈출을 기념하는 유월절로 시작해서 광야의 만나 사건을 기념하는 무교절로 이어집니다. 이어서 초막절은 광야에서 머문 시기를 기념하는 절기입니다. 그 사이에 있었던 중요한 사건이 바로 시내 산에서 율법을 받은 일이며, 칠칠절처럼 이스라엘 달력으로 셋째 달에 있었습니다.

사도행전 2장에 기록된 현상은 또 하나의 시내 산 사건으로 볼 수 있습니다. 급하고 강한 바람 같은 소리가 들리고 불의 혀처럼 갈라지는 것이 보이더니 모인 사람들이 각기 다른 언어로 말합니다. 이 모든 현상은 하나님께서 시내 산에서 자신을 계시하실 때 나타난 현상입니다. 시내 산에서 나타난 현상들이 신약성경에서는 율법이 아니라 성령이 오실 때 나타났습니다. 신약성경에 기록된 오순절 사건은 하나님께서 자신의 영을 부어 주셔서 하나님 백성을 온전히 거룩하게 하시겠다는, 새 언약의 성취임을 분명히 알 수 있습니다. 따라서 신약성경의 오순절 사건은 구약성경의 시내 산 사건과 연결해서 볼 수 있습니다.

하지만 그전에 오순절(칠칠절)은 원래 추수를 감사하는 절기였습니다. 사도행전 2장도 이를 분명하게 보여 줍니다. 성령의 오심으로 하나님 나라의 추수가 본격적으로 시작되었습니다. 베드로의 설교를 듣고 3,000명이 세례를 받았습니다. 사도행전을 기록한 누가는 이것이 바로 오순절 사건의 의미라고 적고 있습니다. 성령 강림의 가장 중요한 의미는 성령을 경험한 사도들이 복음의 증인이 되었다는 것입니다. 구약시대의 성령은 특정한 사람들에게 특정한 임무가 주어질 때 임하는 영이었습니다. 하지만 신약시대에는 모든 믿는 자에게 성령이 임하셔서 유대와 사마리아와 땅 끝까지 이르러 예수 그리스도의 증인이 되게 하실 것입니다(사도행전 1:8).

우리가 잊지 말아야 할 또 한 가지 중요한 사실은 "그리스도께서 죽은 자 가운데서 다시 살아나사 잠자는 자들의 첫 열매가"(고린도전서 15:20) 되셨다는 것입니다. 유월절 이후 첫 안식일 다음 날(초실절)에 첫 곡식단을 여호와 앞에 구별해서 드렸던 것을 기억하시나요? 그리고 50일 후에 칠칠절(오순절)을 지켜야 했습니다. 구약시대 절기 규례 그대로 예수 그리스도는 유월절 후 첫 안식일 다음 날에 다시 살아나셔서 부활의 첫 열매가 되셨습니다. 그리고 50일이 지난 오순절에 하나님 나라의 추수를 알리는 성령이 임하셨습니다. 추수의 시작(유월절과 무교절)이 추수의 완성(칠칠절)과 확실히 연결되지만, 시간상으로는 서로 떨어져 있습니다.

마찬가지로 그리스도의 부활도 마지막 추수를 예고하는 확실한 징표이지만, 그리스도의 부활과 그의 백성들의 부활 사이에는 시차가 분명히 존재합니다. 고린도전서 15장 전체는 씨를 뿌리고 추수하는 모습에 대한 묘사로 가득합니다. 구약성경의 절기가 바로 그 배경입니다. 그리스도의 부활과 승천과 함께 하나님 나라의 추수는 시작되었습니다. 그리고 마지막 추수 때까지 추수하는 일은 계속될 것입니다.

READING JESUS

리딩지저스

: 그리스도 중심으로 읽는 레위기

이스라엘 자손은 희생 제사 의식을 행하면서 그리스도를 통해 성취될 복음을 미리 맛보았습니다. [번제] 예수님은 언약을 깨뜨린 자가 받아야 하는 죽음의 형벌을 대신 감당하는 대속물이 되셨습니다. [소제] 예수님은 우리를 대신해 완전한 순종의 예물을 바치셨습니다. [화목제] 구약시대 이스라엘 백성이 화목제로 바친 제물을 먹고 마셨듯이 우리도 그리스도의 몸을 먹고 마십니다. 그것이 바로 성찬입니다. 새 언약에서는 예수님이 대제사장으로 은혜와 율법의 중보자가 되십니다.

이제 모든 믿는 자가 제사장입니다. 우리가 드릴 제사는 영적 제사이며, 그리스도께서 단번에 드린 제사에 감사하며 그 안에서 안식을 누리는 것입니다. "그러므로 우리는 예수로 말미암아 항상 찬송의 제사를 하나님께 드리자 이는 그 이름을 증언하는 입술의 열매니라"(히브리서 13:15). 그리스도께서 행하신 일로 인해 하나님을 찬송할 때 우리는 새 언약의 제사장이 됩니다. 또한 우리가 예수님으로 인해 가진 것을 나눌 때에도 신령한 제사를 드리는 것이 됩니다. "오직 선을 행함과 서로 나누어 주기를 잊지 말라 하나님은 이 같은 제사를 기뻐하시느니라"(히브리서 13:16). 모든 믿는 자는 거룩한 제사장으로서 하나님을 찬양할 뿐 아니라 땀을 흘리는 섬김이 있어야 합니다. 우리는 자신에게 속한 자가 아니라, 그리스도께서 값 주고 사신 자들이기 때문입니다.

3부
성 / 경 / 나 / 눔

레위기는 거룩한 왕이신 하나님께 나아가는 방법을 제시하고, 인간의 죄악으로 언약 관계가 깨졌을 때 그 관계를 회복하시는 하나님의 방법을 알려 주는 책입니다.

레위기 첫 부분의 핵심은 여러 희생 제사입니다. 희생 제사는 왕이신 하나님과 백성 간의 관계를 속죄, 예물, 성찬이라는 세 가지 측면에서 바라보게 합니다. 다음으로 주목할 내용은 하나님께서 거룩하게 구별해 세우신 제사장에 관한 것입니다. 제사장들은 율법과 은혜의 중보자 역할을 했습니다. 또한 그들은 정결한 자의 모범을 보였고, 그에 따라 백성이 살아가도록 감독하고 격려했습니다. 제사장의 역할에서 자연스럽게 연결되는 정결 규례와 부정 규례(부정한 것에 대한 규례)는 부정해지는 원인과 이를 다루는 방법을 가르칩니다. 하나님께서 이런 규례를 주신 목적은 부정해진 사람을 판단하고 정죄하기 위해서가 아니라, 오히려 그들을 여호와 앞으로 나오도록 초청하여 정결케 하기 위해서입니다.

'피난처 축제'로도 불리는 이 절기는 하나님의 왕 되심을 인정하는 나팔절, 대제사장이 대표로 이스라엘 백성의 죄를 위한 정결 의식을 거행하는 대속죄일, 광야에서 필요를 공급해 주신 하나님을 기념하는 초막절로 이루어져 있습니다.

마지막으로 유월절, 초막절과 함께 이스라엘의 3대 절기인 칠칠절(오순절)은 추수를 감사하는 절기로 초실절 이후 오십 일째 되는 날에 지킨 절기입니다. 유교절과 무교절이 지나고 첫 열매를 추수할 때 지내는 절기가 초실절입니다. 수확한 첫 열매를 따로 구별하여 유월절 이후 첫 안식일 다음 날에 하나님 앞에 드렸습니다. 구약시대 절기 규례 그대로 예수 그리스도는 유월절 후 첫 안식일 다음 날에 다시 살아나셔서 부활의 첫 열매가 되셨습니다. 그리고 50일이 지난 오순절에 하나님 나라의 추수를 알리는 성령이 임하셨습니다.

구약성경의 절기를 배경으로 이후에 부활의 첫 열매가 되시는 그리스도를 볼 수 있습니다. 그리스도의 부활과 승천과 함께 하나님 나라의 추수가 시작되었고 마지막 추수 때가 이르기까지 추수하는 일은 계속될 것입니다. 이 모든 것을 성취하신 예수님은 우리의 유일하신 대제사장이자 희생 제물이십니다. 또한 예수님은 대속죄일의 속죄 제물이시며 속죄 염소이십니다. 우리 죄를 지고 흑암이라는 광야로 가신 예수님은 거기서 모든 죄를 단번에 사하고 승리하신 후에 다시 돌아오셔서 부활의 첫 열매가 되셨습니다.

❶ 구약성경의 제사는 기본적으로 세 가지 역할을 했습니다. 각각의 역할은 왕이신 하나님과 그 백성의 관계와 깊은 관련이 있습니다.

- 구약시대 희생 제사의 첫 번째 역할은 (   )입니다. 언약 관계가 깨졌을 때 다시 회복하는 방법을 구체적으로 알려 줍니다.

- 구약시대 희생 제사의 두 번째 역할은 (   )입니다. 레위기에 나오는 희생 제사 중에도 왕이신 하나님의 주권을 인정한다는 의미에서 제물을 바치는 제사가 있었습니다.

- 구약시대 희생 제사의 세 번째 역할은 (   )입니다. 언약을 처음 맺거나 새롭게 할 때마다 마지막 의식은 항상 (   )이었습니다.

구약성경에 나오는 희생 제사는 (   ) 안에서 생겨난 불화를 치유하고, (   )에 따르는 의무를 이행하고, (   )로 인한 복을 누렸습니다. (성경수업 Lesson 1)

❷ 제사장은 하나님과의 (   )가 깨졌을 때 그에 합당한 희생 제사를 드려서 (   )를 회복하는 역할을 담당합니다. (성경수업 Lesson 2)

❸ 부정 규례들을 보면서 우리는 이처럼 다양한 규례의 목적이 (   )가 아니라 (   )임을 알아야 합니다. 하나님께서 이런 규례들을 주신 목적은 사람을 판단하고 정죄하기 위해서가 아니라, 오히려 그들을 여호와 앞으로 나오도록 초청하여 그들을 (   ) 하기 위해서입니다. (성경수업 Lesson 3)

❹ 대속죄일 의식에서 예수 그리스도를 발견하기란 그리 어렵지 않습니다. 예수님은 우리의 (   )이십니다. 종의 형체로 이 땅에 오셔서 자기 피로 자기 백성의 죄를 속하셨습니다. 동시에 예수님은 대속죄일의 (   )이십니다. (성경수업 Lesson 4)

정답

1. 속죄, 예물, 성찬, 성찬, 언약 관계, 언약 관계, 언약 관계 2. 언약 관계, 언약 관계 3. 정죄, 정결, 정결케 4. 대제사장, 속죄 제물

❶ 이스라엘 백성은 거룩한 하나님의 임재 안에서 살아가는 방법을 배워야 했습니다. 이것이 레위기에 여러 규례가 기록되어 있는 이유입니다. 레위기가 가르치는 희생 제사의 세 가지 역할은 무엇인가요?

❷ 레위기에 기록된 규례들은 부정한 사람을 여호와 앞으로 나오도록 초청하고, 그들의 부정함을 정결케 합니다. 하나님은 부정한 자들에게도 은혜를 베푸십니다. 부정한 자들을 정결케 하시는 은혜를 경험한 적이 있나요?

❸ 예수 그리스도는 십자가에 달려 죽으시고 부활하셨습니다. 그리고 그 죽
  으심으로 이제 모든 믿는 사람이 제사장이 되었습니다. 그리스도께서 십
  자가에서 드린 희생에 감사하며 우리가 드릴 거룩한 예배자의 삶은 어떤
  모습인가요?

기도로 함께

소망하며

❶ 성경 말씀에 기초해, 찬양과 감사의 기도를 드립니다.

너는 이스라엘 자손의 온 회중에게 말하여 이르라

너희는 거룩하라

이는 나 여호와 너희 하나님이 거룩함이니라

레위기 19:2

❷ 일상의 변화를 소망하며, 회개와 결단의 기도를 드립니다.

❸ 서로를 위해, 또 교회를 위해 기도합니다.

시편 51편 14-19절

하나님이여 나의 구원의 하나님이여

피 흘린 죄에서 나를 건지소서

내 혀가 주의 의를 높이 노래하리이다

주여 내 입술을 열어 주소서

내 입이 주를 찬송하여 전파하리이다

주께서는 제사를 기뻐하지 아니하시나니

그렇지 아니하면 내가 드렸을 것이라

주는 번제를 기뻐하지 아니하시나이다

하나님께서 구하시는 제사는 상한 심령이라

하나님이여 상하고 통회하는 마음을 주께서 멸시하지 아니하시리이다

주의 은택으로 시온에 선을 행하시고

예루살렘 성을 쌓으소서

그때에 주께서 의로운 제사와

번제와 온전한 번제를 기뻐하시리니

그때에 그들이 수소를 주의 제단에 드리리이다

5

민수기

민수기는 끝없이 이어지는 인구조사 내용으로 시작됩니다. 그래서 많은 사람이 민수기는 읽지 않고 넘기고 싶어 합니다. 특히 숫자를 싫어하는 사람은 더욱 그렇습니다. "잇사갈 지파에서 계수된 자는 오만 사천사백 명이었더라"(민수기 1:29). 시작부터 지루하게 느껴지는 민수기를 우리는 어떻게 읽고 이해해야 할까요?

민수기는 출애굽기와 레위기의 연장선에서 쓰인 책입니다. 완성된 성막은 하나님의 영광이 충만하여 모세도 차마 들어갈 수 없었지만(출애굽기 40:35), 레위기에서 하나님은 회막으로부터(from the tent of meeting) 모세를 불러 말씀하셨고(레위기 1:1), 이제는 회막 안에서(in the tent of meeting) 모세에게 말씀하십니다(민수기 1:1). 이스라엘 백성은 시내 광야를 행진하며 약속의 땅 바로 앞까지 나아갑니다. 민수기에는 그 광야의 여정이 담겨 있습니다. 민수기는 하나님의 거룩한 백성으로서 그 숫자까지 조사를 마친 이스라엘 백성이 광야에서 겪은 일에 관한 이야기입니다.

이번 주에는 민수기 전체를 통독하면서 성경수업을 통해 광야에서 드러난 이스라엘의 불신앙과 그럼에도 언약을 신실하게 지키시는 하나님의 은혜를 살펴보려고 합니다. 이를 통해 하나님의 거룩한 백성이 어떤 존재이며, 어떻게 살아가야 할지 함께 생각해 보겠습니다.

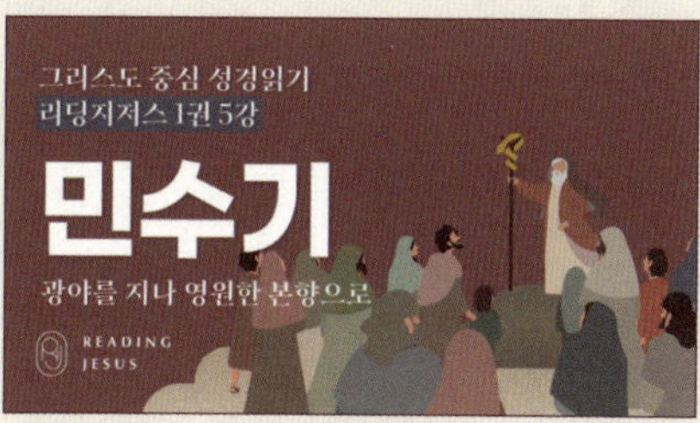

리딩지저스 1권 5강: 민수기

QR코드를 찍으면 '민수기' 리딩지저스 영상으로 바로 연결됩니다. 또는 유튜브에서 '리딩지저스 민수기'를 검색하여 시청할 수 있습니다. '성경읽기'와 '성경수업'을 시작하기 전에 리딩지저스 영상을 시청하면 도움이 됩니다.

QR코드를 찍으면 **리딩지저스 오디오 바이블**로 연결됩니다. 45주 성경통독 일정에 맞추어 제작된 **오디오 바이블**을 통해 매일의 성경통독 분량을 부담 없이 완독할 수 있습니다. 그리스도 중심 성경읽기 《리딩지저스》와 함께하는 성경통독을 통해 하나님과 동행하는 하루하루가 되기를 소망합니다.

이번 주 성경읽기 스케줄

주일	리딩지저스 영상 시청, 성경수업 읽기			
	기본 읽기		핵심 읽기	
월	민 1-6장	완독	민 1장	
화	민 7-12장		민 11장	
수	민 13-18장		민 14장	
목	민 19-24장		민 21장	
금	민 25-30장		민 27장	
토	민 31-36장		민 36장	

기본 읽기 민수기 1-6장
핵심 읽기 민수기 1장

민수기의 처음 네 장은 이스라엘 각 지파가 가나안에 들어가기 전에 인원을 점검하는 내용입니다. 하나님께서 주신 율법을 지니고 하나님 백성으로 선 이스라엘은 이제 하나님이 약속하신 땅에서 어떤 일이 일어날지를 기대하는 마음으로 지켜보는 순간까지 왔습니다. 인구 조사 내용 중 특히 레위인이 맡은 역할, 성막을 보호하는 임무가 자세히 강조됩니다. 이스라엘의 열두 지파 중 열한 지파의 백성은 생업에 종사했지만, 레위 지파 백성은 성막에서 사용할 도구를 만들거나 제사와 관련된 일을 맡았습니다. 민수기 5장부터 6장까지는 몸과 마음과 삶을 정결하게 하는 여러 규례를 말합니다. 특별히 일반 백성 가운데서 구별되어 하나님께 헌신된 사람으로서 나실인에 대한 규정이 소개됩니다. 하나님은 레위인과 나실인뿐만 아니라 모든 이스라엘에게 복을 주기 원한다는 것을 제사장의 축복을 통해 밝히십니다.

2일차 또다시 시작된 불순종

기본 읽기 민수기 7-12장
핵심 읽기 민수기 11장

장막이 다 세워지자 하루에 한 지파 씩 12일 동안 이스라엘 각 지파 지도자들이 하나님께 헌물을 드렸고, 그 헌물로 온 이스라엘이 하나님을 예배합니다. 그리고 두 번째 유월절을 광야에서, 하나님께서 정하신 규정에 따라 철저히 지킵니다. 하나님의 임재를 상징하는 구름이 낮에 성막을 덮었고, 저녁이 되면 성막 위에 불 모양이 나타나서 아침까지 머물렀습니다. 이스라엘은 하나님이 보여 주시는 구름을 따라 진을 치고 행진합니다. 그러나 이스라엘은 또다시 불평하기 시작합니다. 이스라엘 백성은 노예 생활을 했던 애굽을 그리워하면서 광야의 음식에 불평을 쏟아내고, 지도자인 모세의 권위에까지 도전합니다.

 신뢰에는 은혜로, 불순종에는 심판으로

기본 읽기 민수기 13-18장
핵심 읽기 민수기 14장

가나안 땅을 정탐하라는 하나님의 명령을 따라 모세는 각 지파에서 대표를 한 명씩 선발해 가나안으로 보냅니다. 갈렙과 여호수아를 제외한 열 명은 가나안 거주민의 강대함만 보고는 절망적인 보고를 내놓습니다. 하나님을 깊이 신뢰하지 않은 이스라엘 백성은 하나님을 원망하며 울부짖고, 하나님은 그들의 불순종에 심판으로 응답하십니다. 정탐한 기간의 하루를 1년으로 환산해 광야에서 40년을 방황하게 하십니다. 이로써 광야 첫 세대는 가나안 땅에 들어갈 수 없게 됩니다. 이스라엘의 불순종과 원망은 그칠 줄 모르고, 고라, 다단, 아비람이 모세의 지도력에 반기를 들며 모세를 하나님께서 세운 사람으로 인정하지 않습니다. 이들과 추종자들은 모두 하나님의 무서운 심판을 받습니다. 끊임없는 불순종과 반역에도 불구하고 하나님은 그들을 여전히 하나님 백성으로 여기시고 그들이 지켜야 할 새로운 법을 알려 주십니다.

4일차 **하나님은 인생이 아니시니**

기본 읽기 민수기 19-24장
핵심 읽기 민수기 21장

가데스 광야에 물이 없어 이스라엘이 불평할 때에 하나님은 반석에서 물을 내십니다. 이때 계속되는 이스라엘의 불순종에 지친 모세와 아론마저 하나님 말씀을 어기는 사태가 벌어집니다. 결국 둘도 가나안에 들어가지 못하게 되고, 아론은 호르 산에서 죽음을 맞이합니다. 이스라엘의 불순종은 에돔이 영토 통과를 허락하지 않아 광야 길로 우회하면서 극에 달합니다. 원망을 쏟아 놓는 이스라엘에게 하나님은 불뱀을 보내어 심판하십니다. 하지만 그들이 회개하자 장대에 달린 놋뱀을 바라보는 자마다 살게 하셨습니다. 이스라엘은 조금씩 주변 민족을 정복하기 시작합니다. 이스라엘의 행보에 위협을 느낀 모압 왕 발락은 그 지역의 유명한 선지자 발람을 불러 이스라엘을 저주해 달라고 부탁하나, 발람은 하나님 말씀을 어길 수 없어서 도리어 이스라엘을 축복합니다. 하나님은 비록 출애굽 첫 세대를 심판하기로 하셨으나, 여전히 이스라엘의 하나님이십니다.

 ## 야곱의 장막이 어찌 그리 아름다운가

기본 읽기 민수기 25-30장
핵심 읽기 민수기 27장

하나님은 다시 한번 인구조사를 명령하고 본격적으로 가나안 정벌을 준비하라고 하십니다. 하나님 말씀에 불순종한 첫 세대는 광야에서 모두 죽고, 그중에서 갈렙, 여호수아, 모세만 남습니다. 하나님은 두 번째 세대에게 하나님 백성답게 살기 위해 지켜야 할 것, 그들이 받아 누릴 은혜를 다시 한번 일러 주셨습니다. 특히 슬로브핫의 딸들 이야기는 약속의 땅에서 받을 유산을 하나님의 언약과 은혜가 어떻게 보증하는지를 잘 보여 주는 의미심장한 장면입니다. 모세는 백성의 지도자 자리를 여호수아에게 맡깁니다. 진정한 세대교체가 이루어졌고, 이스라엘은 전열을 정비하여 가나안에 들어갈 준비와 하나님 백성이라는 정체성을 지킬 준비를 마칩니다. 하나님은 계속해서 이스라엘 백성에게 지켜야 할 규례를 일러 주셨습니다. 그들이 가나안에 정착하여 이러한 규례를 지키면, 이방 민족과는 확연히 다른 삶과 제사로 인해 그들이 섬기는 분이 누구인지가 명확하게 드러날 것입니다.

6일차 ## 요단 강 동쪽부터 시작된 정복 전쟁

기본 읽기 민수기 31-36장
핵심 읽기 민수기 36장

드디어 정복 전쟁을 시작합니다. 우선, 광야에서 이스라엘을 습격해 하나님의 분노를 산 미디안을 정복합니다. 요단 강 동쪽도 르우벤 지파와 갓 지파가 그곳에 정착하기를 청원하면서 차지합니다. 모세가 동족과 운명을 함께하지 않을 생각이냐며 두 지파를 책망하자, 이들은 여자와 노약자를 남겨 놓고 정복 전쟁에 끝까지 함께하겠다고 다짐합니다. 결국 르우벤 지파와 갓 지파, 그리고 인구가 많았던 므낫세 지파 절반은 요단 강 동쪽, 아모리인의 땅을 얻습니다. 한편, 레위인은 따로 특정 지역을 분배받지 말고 각 지파의 땅에 흩어져서 거주하고, 또한 도피성을 지정하여 의도치 않게 살인한 사람이 피할 수 있는 곳을 마련하라고 하나님이 모세에게 말씀하십니다. 이 모두가 약속의 땅을 거룩하고 정결하게 지키기 위한 하나님의 은혜 장치였습니다.

2부
성 / 경 / 수 / 업

광야를 지나
영원한
본향으로

너희가 사로잡히겠다고 말하던
너희의 유아들은
내가 인도하여 들이리니
그들은 너희가 싫어하던 땅을 보려니와
너희의 시체는 이 광야에
엎드러질 것이요

민수기 14장 31-32절

     # 광야에서

민수기를 이해하려면 그 제목부터 살펴봐야 합니다. 민수기의 히브리어 제목은 '광야에서'입니다. 히브리성경의 민수기 첫 문장에 나오는 '광야에서'가 제목이기도 합니다. 민수기는 '광야에서'의 삶을 경험한 이스라엘 백성 이야기입니다. 이미 애굽을 탈출했으나 아직 약속의 땅에는 이르지 못한, 그 사이의 삶을 보여 줍니다. 시내 산에서 출발하여 약속의 땅을 바로 눈앞에 두고 끝나는 민수기는 그 사이에 일어났던 일을 있는 그대로 보여 줍니다.

좀 더 깊이 바라보면 민수기에는 두 세대 이야기가 나옵니다. 인구조사 대상인 이스라엘의 두 세대가 주인공입니다. 따라서 민수기라는 제목도 틀린 것은 아닙니다. 왜냐하면 백성 수를 세는 것이 민수기 전체 구조에서 중요한 의미를 지니기 때문입니다.

민수기의 구조는 크게 두 세대에 관한 내용으로 구분할 수 있습니다. 첫 세대 이야기는 민수기 1-25장에 나옵니다. 그들은 불신앙, 좌절, 죽음을 대표하는 세대입니다. 약속의 땅 코앞까지 이르렀으나 불신앙으로 인해 약속의 땅에 들어가지 못합니다. 하나님은 그들에게 말씀하십니다.

애굽을 탈출한 세대는 약속의 땅에 들어가지 못합니다. 그 땅을 미리 보고 돌아온 정탐꾼 열 명의 보고를 듣고는 광야에서 죽게 되었다고 통곡합니다. 하나님은 **그 말 그대로** 그들을 광야에서 죽게 하십니다.

너희의 시체는 이 광야에 엎드러질 것이요(민수기 14:32)

하지만 다음 세대인 그 자녀들 앞에는 다른 미래가 놓여 있습니다. 약속을 신실하게 지키시는 하나님은 첫 세대에게 이렇게 말씀하셨습니다.

너희가 사로잡히겠다고 말하던 너희의 유아들은 내가 인도하여 들이리니 그들은 너희가 싫어하던 땅을 보려니와(민수기 14:31)

따라서 민수기 26장에서 인구조사를 한 두 번째 세대는 소망과 생명을 상징하는 세대입니다. 민수기 26장부터 36장 마지막에 이를 때까지 이전 세대와 비교해 크게 나아지는 모습은 없었으나 낙관적 입장에서 그 미래를 바라봅니다. 두 번째 세대 또한 자기 부모가 그랬듯이 하나님의 거룩한 백성으로 살아가야 했습니다. 또한 그들은 여호와께서 자기 선조에게 하신 약속과 선조들이 겪었던 환난을 동일하게 경험합니다. 이제 그들에게 남은 중요한 질문은, 순종하여 생명에 이르는 삶을 살 것인가, 아니면 자기 선조들처럼 불순종하여 불신자로 광야에서 흩어질 것인가입니다.

첫 세대의 불순종과 하나님의 인자하심

민수기

1-25장

앞서 말했듯이 민수기 1-25장은 애굽을 탈출해서 시내 산 아래 모였던 첫 세대에 관한 내용입니다. 그들은 하나님께서 자기 백성을 위해 하신 모든 일을 직접 본 세대입니다. 약속의 땅으로 가기에 앞서서 하나님의 거룩한 백성으로서 인구조사를 하고 조직화하여 약속의 땅으로 전진합니다. 하나님은 성막을 중심으로 각 지파를 배치하고 레위인과 제사장들이 성막을 둘러싸 보호하여 이스라엘 백성이 거룩하고 정결하게 살도록 하셨습니다. 그리고 여호와께서는 그들이 거하는 진영을 거룩하게 하려고 다양한 규례를 주셨습니다. 그러고 나서 마침내 민수기 10-11장에서 백성들의 대행진이 시작됩니다.

하지만 이스라엘 진영의 평화는 얼마 못 가 그들의 불순종으로 위기를 맞습니다. 백성은 계속해서 하나님을 향해 불평을 늘어놓습니다. 민수기 11장에서는 먹을 것에 대해 불평하고, 민수기 12장에서는 미리암과 아론이 모세의 리더십에 이의를 제기하며 불평합니다. 그들의 불평 중 최고는 약속의 땅 그 자체를 좋아하지 않았다는 것입니다. 열두 명이 약속의 땅을 정탐하고 돌아왔는데 정탐꾼의 의견이 갈립니다. 여호수아와 갈렙 두 명만 크신 하나님을 바라봅니다. 그 둘만 애굽 탈출 때 하나님이 하신 일을 기억하면서 하나님이 함께하시면 불가능이 없다고 말합니다. 그러나 나머지 정탐꾼 열 명은 가나안 땅의 규모와 견고한 성벽 안의 강한 백성을 보고는 그 땅을 차지할 수 없다고 결론 내립니다. 온 회중이 소리를 높여 통곡하며 모세와 아론을 원망합니다.

> 우리가 애굽 땅에서 죽었거나 이 광야에서 죽었으면 좋았을 것을(민수기 14:2)

그리고 믿음으로 그들을 권면하는 여호수아와 갈렙을 돌로 치려고까지 합니다. 이스라엘 백성은 가나안 사람들 손에 죽을까 봐 두려웠습니다. 약속의 땅에서 풍요롭게 살게 하겠다는 하나님의 약속을 믿기보다는 다수 의견을 따르기로 합니다. 그 결과, 자신들이 그토록 두려워했던 죽음을 광야에서 맞을 것이라는 선고를 받습니다. 하나님은 그들이 불평한 그대로 광야에서 죽게 하십니다.

하지만 그들의 어리석음과 불순종에도 불구하고 하나님은 그들을 버리지 않으셨습니다. 하나님은 그들 조상 아브라함과 이삭과 야곱에게 한 약속을 신실하게 지키시는 분이기 때문입니다. 하나님은 그들 자손에게 땅을 주고, 새로운 세대가 자라나서 불신앙으로 그 땅에 들어가지 못한 선조를 대신할 것이라고 약속하셨습니다. 따라서 민수기 14장에서는 한 세대 전체를 향해 약속의 땅에 들어갈 수 없다고 말씀하시고는 민수기 15장에서는 약속의 땅에 들어간 후에 지키고 따라야 할 전반적인 규례를 가르쳐 주십니다.

특히 민수기 15장 마지막에서는 이스라엘 백성에게 옷자락 끝에 술을 달아 하나님과 그의 계명을 기억하라고 명령하십니다. 이 명령은 모세가 민수기 14장에서 이스라엘 백성을 위해 기도할 때 언급했던 내용이며, 언약을 신실하게 지키시는 하나님의 사랑을 뜻합니다. 이스라엘 모든 백성은 옷자락 끝에 단 술을 볼 때마다 하나님의 은혜 안에서 그들의 정체성을 확인하고, 거룩하고 존귀한 백성으로 살도록 부름을 받았다는 사실을 기억하게 됩니다. 먼저, 그들은 하나님께서 넘치는 은혜를 베푸셔서 애굽에서 구해 낸 여호와의 백성이었습니다. 이와 함께 그들은 자신의 의무를 기억해야 했습니다. 하나님께서 그들을 애굽에서 구해 내신 이유는 그들을 거룩한 나라와 제사장으로 삼기 위해서입니다. 이처럼 특권과 의무를 동시에 강조하기 위해 옷자락 끝에 술을 달도록 하셨고, 이 이야기는 민수기 15장 전체를 요약해 줍니다. 신실하신 하나님은 불순종한 광야의 첫 세대에게도 여전히 하나님 백성의 정체성을 부여하시고 기억하게 하십니다.

다시 불순종, 다시 은혜

불순종과 반역에도 불구하고 하나님은 자비를 베푸십니다. 그러나 이후에도 이스라엘 백성은 계속 불순종합니다. 민수기 16-19장을 보면, 첫 세대 백성이 얼마나 하나님께로 돌이키지 않으려 했는지 잘 알 수 있습니다. 심지어 모세와 아론마저도 불순종한 세대에 속합니다. 그들도 하나님께 불순종했고, 그로 인해 약속의 땅에 들어가지 못하고 생을 마감합니다.

민수기 22-24장에 나오는 발람 이야기는 광야에서 눈을 들어 장래에 약속된 복과 소망을 바라보게 합니다.

> 한 별이 야곱에게서 나오며 한 규가 이스라엘에게서 일어나서 모압을 이쪽에서 저쪽까지 쳐서 무찌르고 또 셋의 자식들을 다 멸하리로다 그의 원수 에돔은 그들의 유산이 되며 그의 원수 세일도 그들의 유산이 되고 그와 동시에 이스라엘은 용감히 행동하리로다 주권자가 야곱에게서 나서 남은 자들을 그 성읍에서 멸절하리로다(민수기 24:17-19)

한때 금송아지를 만들었던 이스라엘 백성의 **반역과 불순종**은 이후에도 계속 이어집니다. 하나님의 약속은 그들이 불순종한다고 해서 취소되거나 사라지지 않습니다. 죄에 상응하는 저주가 임하기도 하지만, 그렇다고 모든 게 끝난 것은 아닙니다.

장래에 대한 복된 예언은 현재에도 복과 소망을 가져다줍니다. 무엇보다 이스라엘에 장래가 존재한다는 사실입니다. 이 사실은 하나님께서 자기 백성 이스라엘을 통해 자신의 목적을 이루신다는 뜻입니다. 이스라엘을 위해 그 대적을 물리치시겠다는 하나님의 약속은 이스라엘 백성이 불순종한다고 해서 취소되거나 사라지지 않습니다. 따라서 이스라엘 백성이 하나님께 끊임없이 반역해도 발람조차 그 백성을 저주할 수 없었습니다. 이러한 하나님의 신실하심은 오히려 이스라엘의 고집스러운 불순종을 부각합니다.

이렇게 이스라엘의 장래에 대한 놀라운 축복이 선포된 후에 매우 참담한 현실이 바로 이어집니다. 애굽을 탈출한 첫 세대 백성이 미디안 여인들의 유혹에 넘어가 그들의 신인 바알브올에게 절하는 죄를 범하며 또다시 파멸에 이릅니다. 그 죄에 상응하는 하나님의 저주가 이스라엘 백성에게 임합니다. 발람은 할 수 없었고, 하나님께서 하지 못하게 하셨던, 하나님 백성을 향한 저주가 이스라엘 백성이 죄를 범하자 그들에게 임합니다. 그렇다고 모든 게 끝난 것은 아닙니다.

믿음으로 얻은 유산

민수기

26-36장

민수기 26장에서는 새로운 세대의 숫자를 지파별로 조사합니다. 민수기 초반에 그 선조의 수를 지파에 따라 조사했던 것과 똑같습니다. 하나님께서 이전 세대를 완전히 멸하셨음에도 백성의 총수는 거의 변하지 않고 그대로였습니다. 단, 민수기 25장에서 지도자가 우상숭배 죄를 범했던 시므온 지파만은 예외였습니다. 시므온 지파의 수만 현저히 줄어들어 있었습니다.

새롭게 인구조사를 마친 두 번째 세대가 가장 먼저 풀어야 했던 숙제는 슬로브핫의 딸들에게 아버지의 유산을 물려주는 것이었습니다. 여기서 문제는 아버지가 아들 없이 광야에서 죽었을 때 여성인 딸들이 약속의 땅에서 유산을 받을 수 있는가였습니다. 이 질문이 지닌 중요한 의미는 슬로브핫의 딸들이 자신들도 유산을 물려받을 수 있다고 믿고 있었다는 것입니다. 아버지가 이미 죽었고 딸들은 원래 유산을 받을 수 없었지만, 이들은 약속의 땅에서 지파마다 물려받을 유산이 있다면 자신들도 그중 일부를 물려받아야 한다고 믿었습니다. 두 번째 세대 이야기가 마무리되는 민수기 36장에 이 이야기가 다시 나오는 것을 통해 이 문제의 중요성을 알 수 있습니다. 문제의 해결이 민수기 마지막 장에 나오는 수미상관 구조로써 유업을 받는 문제가 두 번째 세대 이야기의 시작과 끝을 장식합니다. 그리고 그 사이 이야기는 가나안 정복 사건으로 시작합니다.

이스라엘 백성은 먼저 요단 강 동쪽을 정복했습니다. 하지만 정확히 말하면 그곳은 하나님이 아브라함에게 약속하신 땅이 아니었습니다. 그런데 약속의 땅에 들어가기도 전에 르우벤 자손과 갓 자손이 이미 정복한 요단 강 동쪽에 머물고 싶다고 하면서 위기를 맞습니다. 약속의 땅을 눈앞에 둔 상황이었습니다. 이스라엘 민족은 적절한 타협 과정을 거치며 이 위기를 해결합니다. 요단 강 동쪽에 남겠다고 한 백성이 선발대로 가나안 땅에 들어가기로 하고, 가나안 정복이 확실히 끝난 다음에 요단 강 동쪽으로 돌아와 자기들 몫의 유산을 받기로 합니다.

이제 민수기 33-35장에서는 애굽 탈출 후의 여정을 돌아본 후 여호와께서 모세에게 약속의 땅을 자세히 일러 주시고, 지파에 따라 분배하시는 장면이 나옵니다. 그리고 이어서 레위인 성읍과 도피성을 지정하십니다. 이를 통해 하나님은 이스라엘 백성이 약속의 땅에서도 거룩함과 정결함을 지키기를 원하셨습니다. 마지막으로 다시 한번 약속의 땅에서 자신들의 유산을 보존하기를 원했고 그 사실을 의심치 않았던 슬로브핫의 딸들 이야기로 마무리됩니다. 이후에 이스라엘의 두 번째 세대는 약속의 땅에서 유산을 받습니다.

  # 그 사이에서

광야의 의미

그렇다면 민수기가 우리에게 주는 의미는 무엇일까요? 이스라엘 백성이 그랬듯 우리 역시 어떤 의미에서는 '그 사이에서'(in-between) 살고 있습니다. 우리는 그리스도께서 십자가에서 이루신 출애굽과 약속의 땅(하늘에 속한 본향)에 들어가는 그 중간에 있습니다.

이스라엘 백성처럼 우리도 광야에 있습니다. 우리가 살면서 겪는 여러 시험은 이스라엘 백성이 광야에서 겪은 시험에 비길 수 있습니다. 히브리서 3장을 보면 알 수 있죠. 광야 시대를 산 두 세대는 서로 다른 삶을 보여 줍니다. 우리는 첫 세대가 그랬듯이 인생이 난관에 부닥칠 때 하나님을 원망하며 불평할 수도 있고, 두 번째 세대처럼 하나님이 주시는 힘으로 내일을 바라보며 살 수도 있습니다. 우리가 어떤 길을 선택하든 하나님의 약속은 반드시 이루어집니다. 하나님은 자신의 약속을 성취할 자기 백성을 준비시키시고 그들에게 유업을 주십니다.

여기서 중요한 것은 우리가 유업을 받는 자에 속하는가입니다. 이스라엘 백성이 되었다고 해서 끝이 아닙니다. 애굽 땅에서 나와 홍해를 건넌 것만으로도 충분하지 않습니다. 시내 산 아래에서 조사한 백성 수에 들어가도 충분하지 않습니다. 새 이스라엘의 일원이 되어 하나님 뜻을 깨달아 알고 하늘에 속한 비밀을 맛보며 성령을 경험하는 것으로도 충분하지 않습니다.

> 한번 빛을 받고 하늘의 은사를 맛보고 성령에 참여한 바 되고(히브리서 6:4)

약속의 땅에 들어가 안식을 누리려면 오랜 인내가 필요합니다. 믿음과 그에 따르는 인내로 약속의 유업을 받을 수 있습니다. 하나님은 그분의 약속을 성취하시고 성도들을 끝까지 보호하십니다.

히브리서에 따르면, 인내를 위해 가장 중요한 것은 마음을 완고하지 않게 하는 것입니다. 첫 세대의 문제는 단지 그들이 범한 죄만이 아닙니다. 민수기는 그들의 죄를 다루시는 하나님도 보여 주지만, 하나님의 은혜 또한 반복해서 이야기합니다. 민수기 14장 18절은 두 가지를 모두 보여 줍니다. 모세가 시내 산에서 하나님이 어떤 분이신지 말합니다.

> 여호와는 노하기를 더디 하시고 인자가 많아 죄악과 허물을 사하시나 형벌 받을 자는 결단코 사하지 아니하시고 아버지의 죄악을 자식에게 갚아 삼사대까지 이르게 하리라(민수기 14:18)

민수기는 하나님의 공의와 자비를 우리에게 동시에 보여 줍니다. 이것을 기억하며 우리 마음이 완고해지지 않도록 주의해야 합니다.

하나님께서는 예수 그리스도를 통해 우리를 구원해 주셨습니다. 그리고 마지막 때에 우리를 하늘에 속한 본향으로 인도해 영원한 안식을 얻게 하실 것입니다. 우리 모두 '그 사이에서' 하나님의 거룩한 백성이자 제사장으로서 믿음으로 인내하며 살아가기를 바랍니다.

READING JESUS

먹을 것 때문에 또다시 불평하는 이스라엘 백성에게 하나님이 불뱀을 보내십니다. 그리고 그들 중에 회개하고 놋뱀을 바라보는 자들을 살리셨습니다. 하나님은 불뱀을 없애는 것 대신에 치료책을 주신 것이지요. 믿음으로 나오는 자는 누구든지 다 살리시는 것을 통해 복음이 무엇인지 보여 주셨습니다. "모세가 광야에서 뱀을 든 것같이 인자도 들려야 하리니 이는 그를 믿는 자마다 영생을 얻게 하려 하심이니라"(요한복음 3:14-15). 하나님은 죄를 못 본 척하지 않으십니다. 그 대신 그리스도 안에 치유책을 마련해 두셨습니다. 죄인으로 마땅히 죽어야 했던 우리는 십자가에 달리신 그리스도를 바라보고 살아납니다.

우리의 끝없는 불평을 대신 지신 예수님은 정당한 이유 없이 그를 죽이려는 무리들 앞에서 끝까지 침묵을 지키셨습니다. 우리 불순종의 죗값을 그리스도께서 대신 담당하심으로써 우리는 하나님 백성이 되었습니다. 그리고 민수기에 계수된 육십만 명이 아니라, 이제 각 나라와 족속과 백성과 방언에서 아무도 능히 셀 수 없는 무리가 하나님의 백성으로 나옵니다. 우리를 하늘 본향으로 인도하시는 예수님이 주시는 안식과 유업은 영원합니다. 은혜 안에서 누리는 하나님과의 관계는 우리가 순종해야 하는 의무를 가볍게 하거나 없애 주지 않습니다. '그 사이에서' 하나님의 거룩한 백성이자 제사장으로서 우리는 믿음으로 인내하며 살아가야 합니다.

3부
성 / 경 / 나 / 눔

민수기는 하나님의 거룩한 백성으로서 그 숫자까지 조사를 마친 이스라엘 백성이 시내 산을 출발해 약속의 땅 바로 앞에 도착할 때까지 광야에서 겪은 이야기입니다. 이미 애굽을 탈출했으나 아직 약속의 땅에는 이르지 못한, 그 사이의 삶을 보여 줍니다. 민수기는 또한 두 세대에 관한 이야기입니다. 민수기 1-25장은 애굽을 탈출한 첫 세대 이야기이고, 민수기 26-36장은 두 번째 세대 이야기입니다.

첫 세대는 불신앙과 죽음을 대표하는 세대입니다. 그들은 하나님께서 자기 백성을 위해 하신 모든 일을 직접 본 세대입니다. 그러나 그들은 반복해서 하나님께 불평하고 하나님을 원망합니다. 심지어 하나님께서 약속하신 그 땅을 좋아하지 않습니다. 그 결과, 그들은 자신들이 불평한 말 그대로 광야에서 죽음을 맞이합니다. 하지만 그들의 어리석음과 불순종에도 불구하고 하나님은 그들을 버리지 않으십니다. 신실하신 하나님은 불순종한 광야의 첫 세대에게도 여전히 하나님 백성의 정체성을 부여하시고, 하나님 백성의 의무를 기억하게 하십니다.

민수기 22-24장에 나오는 발람 이야기는 광야에서 눈을 들어 이스라엘의 장래에 약속된 복과 소망을 바라보게 합니다. 이스라엘을 위해 그 대적을 물리치겠다는 놀라운 축복이 선포된 직후에 이스라엘은 다시 범죄합니다.

민수기 26장에서는 새로운 세대의 숫자를 지파별로 조사합니다. 두 번째 세대도 첫 세대와 비교해 크게 나아진 바는 없었으나 그럼에도 소망과 생명을 상징하는 세대입니다. 그들은 첫 세대와 달리 하나님께서 약속하신 땅에 들어가 유업을 받게 됩니다.

민수기를 통해 우리가 알 수 있는 것은 우리도 이스라엘 백성처럼 광야를 지나고 있다는 것입니다. 그리스도께서 십자가에서 이루신 출애굽과 약속의 땅(하늘에 속한 본향)에 들어가는 그 사이의 광야에 있습니다. 광야 시대를 산 두 세대는 두 가지 다른 삶을 보여 줍니다. 우리는 첫 세대가 그랬듯이 인생이 난관에 부닥칠 때 하나님을 원망하며 불평할 수도 있고, 두 번째 세대처럼 하나님이 주시는 힘으로 내일을 바라보며 살 수도 있습니다.

여기서 중요한 것은 우리가 유업을 받는 자에 속하는가입니다. 우리는 믿음과 그에 따르는 인내로 약속의 유업을 받을 수 있습니다. 인내를 위해 가장 중요한 것은 마음을 완고하지 않게 하는 것입니다. 민수기는 그들의 죄를 다루시는 하나님도 보여 주지만, 하나님의 은혜 또한 반복해서 이야기합니다. 민수기는 하나님의 공의와 자비를 동시에 우리에게 보여 줍니다. 이것을 기억하며 우리 마음이 완고해지지 않도록 주의해야 합니다.

❶ 민수기는 (   ) 경험한 이스라엘 백성 이야기입니다. 이미 애굽을 탈출했으나 아직 약속의 땅에는 이르지 못한, 그 사이의 삶을 보여 줍니다. 시내 산에서 출발해서 약속의 땅을 바로 눈앞에 두고 끝납니다. 민수기는 그 사이에 일어났던 일을 있는 그대로 보여 줍니다. (성경수업 Lesson 1)

❷ 또한 좀 더 깊이 바라보면 민수기에는 두 세대 이야기가 나옵니다.

- 첫 세대 이야기는 민수기 1-25장에 나옵니다. 그들은 (   ), (   ), (   )을 대표하는 세대입니다.

  "너희의 시체는 이 (   )에 엎드러질 것이요"(민수기 14:32)

- 두 번째 세대는 (   )과 (   )을 상징하는 세대입니다. 그들에게 남은 중요한 질문은 순종하여 생명에 이르는 삶을 살 것인가, 아니면 자기 선조들처럼 불순종하여 불신자로 광야에서 흩어질 것인가입니다. "너희가 사로잡히겠다고 말하던 너희의 (   )들은 내가 인도하여 들이리니 그들은 너희가 싫어하던 땅을 보려니와"(민수기 14:31)

  (성경수업 Lesson 1)

❸ 하지만 그들의 어리석음과 불순종에도 불구하고 하나님은 그들을 버리지 않으셨습니다. 하나님은 그들 조상 아브라함과 이삭과 야곱에게 한 (　　) 을 신실하게 지키시는 분이기 때문입니다. 성경수업 Lesson 2

❹ 특권과 의무를 동시에 강조하기 위해 옷자락 끝에 (　　)을 달도록 하셨고, 이 이야기는 민수기 15장 전체를 요약해 줍니다. 신실하신 하나님은 불순종한 광야의 첫 세대에게도 여전히 하나님 백성의 (　　　)을 부여하시고 기억하게 하십니다. 성경수업 Lesson 2

❺ "여호와는 노하기를 더디하시고 (　　　)가 많아 죄악과 허물을 사하시나 형벌 받을 자는 결단코 (　　)하지 아니하시고 아버지의 죄악을 자식에게 갚아 삼사대까지 이르게 하리라"(민수기 14:18)
민수기는 하나님의 (　　)와 (　　　)를 동시에 우리에게 보여 줍니다. 이것을 기억하며 우리 마음이 완고해지지 않도록 주의해야 합니다. 성경수업 Lesson 5

정답

1. 광야에서 2. 불신앙, 좌절, 죽음, 광야, 소망, 생명, 유아 3. 약속 4. 술, 정체성 5. 인자, 사, 공의, 자비

❶ 가나안 사람들을 두려워한 이스라엘 백성은 약속의 땅에서 살게 하겠다는 하나님의 말씀을 신뢰하기보다 다수의 의견을 따르기로 결정합니다. 그 결과, 이스라엘 첫 세대는 하나님의 심판을 받게 되었습니다. 그럼에도 하나님은 불순종한 광야의 첫 세대에게 은혜를 베푸십니다. 그들이 받은 은혜의 규례는 무엇이었나요?

❷ 우리가 삶에서 겪는 여러 어려움은 이스라엘 백성이 광야에서 겪은 시험에 비교할 수 있습니다. 하나님을 원망하며 불평하게 하는 것에는 무엇이 있나요?

❸　하나님의 약속을 온전히 믿고 인내할 때, 우리는 약속의 땅에 들어가 안식을 누릴 수 있습니다. 나에게 주어진 하나님의 약속은 무엇인가요?

❶ 성경 말씀에 기초해, 찬양과 감사의 기도를 드립니다.

> 하나님은 사람이 아니시니 거짓말을 하지 않으시고
>
> 인생이 아니시니 후회가 없으시도다
>
> 어찌 그 말씀하신 바를 행하지 않으시며
>
> 하신 말씀을 실행하지 않으시랴
>
> 민수기 23:19

❷ 일상의 변화를 소망하며, 회개와 결단의 기도를 드립니다.

❸ 서로를 위해, 또 교회를 위해 기도합니다.

시편 119편 33-40절

여호와여 주의 율례들의 도를 내게 가르치소서

내가 끝까지 지키리이다

나로 하여금 깨닫게 하여 주소서

내가 주의 법을 준행하며 전심으로 지키리이다

나로 하여금 주의 계명들의 길로 행하게 하소서

내가 이를 즐거워함이니이다

내 마음을 주의 증거들에게 향하게 하시고

탐욕으로 향하지 말게 하소서

내 눈을 돌이켜 허탄한 것을 보지 말게 하시고

주의 길에서 나를 살아나게 하소서

주를 경외하게 하는 주의 말씀을

주의 종에게 세우소서

내가 두려워하는 비방을 내게서 떠나게 하소서

주의 규례들은 선하심이니이다

내가 주의 법도들을 사모하였사오니

주의 의로 나를 살아나게 하소서

6

신명기

신명기는 구약성경의 핵심이라고 불립니다. 신명기는 모세오경의 정점을 이루고 있고, 그 뒤에 따르는 책들뿐 아니라 구약성경 전체, 특히 여호수아부터 열왕기까지의 내용에 지대한 영향을 미치기 때문입니다. 신명기는 그 제목에서 이미 이 책의 초점이 어디에 맞춰져 있는지 알 수 있습니다. 바로 하나님의 '율법'입니다. 하지만 신명기가 율법만 다룬다고 생각한다면 오해입니다. 신명기는 율법에 관한 책이지만 동시에 은혜에 관한 책이기도 합니다. 그래서 한 유명한 구약학자는 자신이 쓴 신명기 연구서의 제목을 이렇게 붙였습니다. "결국 은혜입니다"(Grace in the End). 여기서는 바로 이 점을 살펴보려고 합니다.

이번 주에는 신명기 전체를 통독하면서, 성경수업을 통해 은혜와 복음, 복과 저주, 더 큰 은혜가 신명기에 어떻게 나타나는지 살펴보도록 하겠습니다.

리딩지저스 1권 6강: 신명기

QR코드를 찍으면 '신명기' 리딩지저스 영상으로 바로 연결됩니다. 또는 유튜브에서 '리딩지저스 신명기'를 검색하여 시청할 수 있습니다. '성경읽기'와 '성경수업'을 시작하기 전에 리딩지저스 영상을 시청하면 도움이 됩니다.

QR코드를 찍으면 **리딩지저스 오디오 바이블**로 연결됩니다. 45주 성경통독 일정에 맞추어 제작된 **오디오 바이블**을 통해 매일의 성경통독 분량을 부담 없이 완독할 수 있습니다. 그리스도 중심 성경읽기 《리딩지저스》와 함께하는 성경통독을 통해 하나님과 동행하는 하루하루가 되기를 소망합니다.

이번 주 성경읽기 스케줄

주일	리딩지저스 영상 시청, 성경수업 읽기			
	기본 읽기		핵심 읽기	
월	신 1-6장	완독	신 6장	
화	신 7-12장		신 8장	
수	신 13-18장		신 16장	
목	신 19-24장		신 19장	
금	신 25-29장		신 28장	
토	신 30-34장		신 30장	

기본 읽기 신명기 1-6장
핵심 읽기 신명기 6장

이스라엘 백성은 40년간의 광야 생활 후에 가나안 땅이 코앞에 보이는 모압 평야에 도착했습니다. 그러나 모세는 그들과 함께 가나안에 들어갈 수 없었습니다. 광야에서 죽은 첫 세대는 불순종했고 그 대가를 치렀지만, 어쨌든 이들은 하나님께 직접 율법을 받은 세대였습니다. 하지만 가나안에 들어갈 새로운 세대는 하나님 말씀으로 재정비할 필요가 있었습니다. 모세는 그들이 '하나님 백성'이라는 뚜렷한 정체성을 갖기를 원했고, 자신의 사역을 정리할 필요도 느꼈습니다. 모세는 이스라엘 백성을 모아 놓고 세 편의 설교를 시작합니다. 이것이 신명기입니다. 첫 설교를 통해 모세는 지난 세월 이스라엘 백성에게 있었던 일을 회고하며, 그들에게 하나님의 은혜를 상기시킵니다.

기본 읽기 신명기 7-12장
핵심 읽기 신명기 8장

모세는 이스라엘이 하나님이 약속하신 땅에 들어간 뒤에 '하나님 백성'이라는 정체성을 지키기를 권고하며, 그들이 지켜야 할 여러 세부 조항을 전합니다. 그러나 메시지는 명확합니다. 하나님의 말씀을 "듣고" "순종하라"는 것이었습니다. 모세는 지난 40년간 하나님께서 그들을 위해 어떻게 일하셨는지, 또한 그 기간 동안 이스라엘이 어떻게 하나님 말씀을 어겼는지를 상기시킵니다. 하나님은 그러한 그들에게 하나님 말씀을 듣고 실천할 때 받는 복과 은혜를 말씀하십니다. 이를 위해 모세는 율법을 간명하게 요약한 '십계명'을 다시 한번 언급합니다. 무엇보다 하나님 외에 다른 신을 섬기지 말라는 첫째 계명을 자세하게 설명합니다.

3일차 하나님 백성다운 삶 1

기본 읽기 신명기 13-18장
핵심 읽기 신명기 16장

하나님은 노예였던 이스라엘 백성을 해방하셨고 그들에게 복을 주겠다고 선언하셨습니다. 따라서 그들에게는 새로운 신분에 걸맞은 법도가 필요했습니다. 하나님은 자기 백성들이 지켜야 할 규칙을 상세하게 말씀해 주십니다. 이스라엘 백성이 지켜야 할 상세한 규칙은 크게 하나님을 향한 것과 이웃을 향한 것으로 나눌 수 있습니다. 하나님을 섬기는 이스라엘 백성은 당시 다른 민족들이 떠받들던 우상을 멀리해야 했으며, 자신뿐만 아니라 이웃, 특히 가난하고 힘없는 이웃의 구제에도 힘써야 했습니다. 의식주 또한 구별해야 했고, 모든 것이 하나님께 왔음을 기억하며 십일조를 드려야 했습니다. 이스라엘 백성들은 유월절, 칠칠절, 초막절과 같은 주요 절기를 지키는 것뿐만 아니라 삶의 모든 부분에서, 그리고 일반 백성뿐만 아니라 재판장, 지도자, 왕, 선지자 등 여러 지도자들도 하나님 백성다워야 했습니다.

4일차 하나님 백성다운 삶 2

기본 읽기 신명기 19-24장
핵심 읽기 신명기 19장

신명기 19장 이후는 이스라엘 백성이 지켜야 할 각종 사회적 규칙을 소개합니다. 신학자들은 율법 가운데 이 부분을 '시민법'이라고 분류합니다. 살인, 성 윤리, 혼인 등에 관한 규정은 이스라엘 공동체가 구체적으로 실천해야 하는 사항들입니다. 하나님 공동체는 삶의 현장에서 거룩과 순결을 지켜야 합니다. 그 거룩과 순결은 겉으로만 지킨다고 얻어지지 않습니다. 개인 욕심보다 하나님 말씀을 우선에 두고 철저하게 말씀을 따를 때만 가능합니다. 따라서 이러한 규정은 단순히 법이 아니라 하나님 백성답게 살기 위한 지침이라고 할 수 있습니다.

5일차 **순종할 때 받을 복과 불순종할 때 받을 저주**

기본 읽기 신명기 25-29장
핵심 읽기 신명기 28장

율법의 세부 규정들이 반포된 후, 모세는 마지막으로 이스라엘에게 "다 지켜 행하라"라고 당부합니다. 그리고 에발 산에서 복과 저주를 선포합니다. 백성들은 그리심 산과 에발 산에 나누어 서서 복과 저주에 관한 말씀에 아멘으로 화답합니다. 모세는 신명기가 계속해서 강조하는 순종하는 이들에게 주실 복과 불순종하는 이들에게 주실 저주를 선언합니다. 29장부터 모세의 마지막 설교가 시작됩니다. 모세는 이스라엘 백성에게 하나님과 맺은 언약에 신실할 것을 권고하며 신뢰와 순종으로 하나님께 반응할 것을 말합니다. 또한 광야에서 태어난 세대들도 그들의 조상들과 같이 하나님을 거역하고자 하는 성향이 있음을 말하며 경고합니다.

6일차 **모세의 노래**

기본 읽기 신명기 30-34장
핵심 읽기 신명기 30장

하나님은 아브라함과 언약을 맺은 후부터 그때까지 이스라엘에게 신실하게 응답하셨습니다. 그리고 이스라엘 백성이 언젠가는 불순종할 것을 아셨습니다. 하지만 하나님은 불순종으로 가득한 이들을 무조건 몰아붙이기만 하지 않으시고, 더 큰 은혜를 베풀겠다고 말씀하십니다. 언약을 맺은 이스라엘 역시 이에 신실하게 응답해야 합니다. 하나님 말씀에 순종하면 하나님은 우리가 생각지도 못한 놀라운 은혜로 응답하십니다. 모세는 마지막으로 그가 평생에 걸쳐 경험한 일을 노래로 부릅니다. 하나님이 순종하는 이들에게 어떻게 응답하시며, 불순종하는 이들에게는 어떻게 응답하시는지를 이스라엘 백성에게 들려줍니다. 마지막으로 모세는 이스라엘 모든 지파를 축복합니다. 그리고 느보 산에 오릅니다. 비록 가나안 땅에 들어가지는 못하지만, 하나님은 모세가 마지막으로 그 땅을 바라볼 수 있게 하십니다. 이렇게 모세가 죽고 여호수아가 이스라엘의 새로운 지도자가 됩니다.

2부
성／경／수／업

더 큰 은혜로 인도하시는 하나님

네 하나님 여호와께서
네 마음과 네 자손의 마음에
할례를 베푸사
너로 마음을 다하며 뜻을 다하여
네 하나님 여호와를 사랑하게 하사
너로 생명을 얻게 하실 것이며

신명기 30장 6절

율법이 곧 은혜인 이유

그리스도인들은 십계명이나 신명기에 나오는 율법들을 그저 순종해야 하는 명령, 아니면 행위로 의로움을 얻기 위한 수단처럼 여기는 경향이 있습니다. 그러나 이는 율법 자체에 은혜가 충만하다는 것과 율법이 항상 은혜에 연결돼 있음을 모르는 데서 오는 태도입니다. 율법은 하나님이 주신 은혜의 선

양피지로 만든 두루마리에 손으로 써서 전했던 토라(일반적으로 모세오경). 하나님께서 주신 율법은 무엇과도 바꿀 수 없는 **소중한 가르침이자 하나님의 은혜**였습니다.

물이며, 하나님의 백성이 살아가는 데 필요한 은혜의 방편으로 그 역할을 다합니다. 우리는 세 가지 면에서 이 사실을 확인할 수 있습니다.

첫째, 율법이 은혜인 이유는 삶의 규범을 제시해 주기 때문입니다. 율법은 가르치고, 방향을 제시하며, 인도하고, 지시하는 역할을 합니다. 부모가

하는 역할이죠. 율법은 하나님의 아들인 이스라엘이 하나님과의 언약 관계 안에서 어떻게 살아야 하는지를 보여 주는 은혜로운 지침서 역할을 했습니다. 이것은 고대 근동의 다른 국가들과 확연히 다른 점입니다. 그들은 자신의 신들이 무엇을 원하는지 상상하고 추측해서 알아야 했습니다. 그래서 신들의 축복을 받을지 저주를 받을지 모른 채 끝없는 두려움과 불안함, 불확실성 속에서 살아야 했죠. 하지만 하나님께서는 이스라엘에게 십계명과 여러 율법을 통해 그들의 삶의 규례를 분명히 보여 주십니다.

둘째, 율법이 은혜인 이유는 하나님께 나아가는 길을 마련해 주기 때문입니다. 장막과 관련하여 이스라엘 백성이 세밀하고 꼼꼼하게 지켜야 했던 모든 율례는 단 하나의 목적, 하나님께서 그들 가운데 거하시기 위한 것이었습니다. 율법은 하나님께 나아갈 길을 마련해 주기 때문에 은혜입니다.

셋째, 율법이 은혜인 것은 죄를 용서해 주기 때문입니다. 제사와 제사장과 관련된 모든 레위기 율법이 가지고 있었던 목적은 하나님 백성이 죄 사함을 받고 하나님께로 나아갈 수 있도록 하는 것이었습니다.

따라서 이 세 가지, 1) 삶의 규범, 2) 하나님께 나아가게 함, 3) 죄 용서를 통해 우리는 율법이 본질적으로 은혜임을 알 수 있습니다. 십계명을 비롯하여 모세의 율법에 포함되는 모든 규례는 은혜로 가득했습니다. 이에 대해 요한복음 1장 16-17절은 이렇게 말합니다.

우리가 다 그의 충만한 데서 받으니 은혜 위에 은혜러라 율법은 모세로 말미암아 주어진 것이요 은혜와 진리는 예수 그리스도로 말미암아 온 것이라(요한복음 1:16-17)

율법도 은혜이고, 예수 그리스도의 오심도 은혜입니다. 언약의 구조가 은혜와 율법으로 이루어졌다고 말할 때, 은혜와 율법은 상반되는 것이 아닙니다.

언약의 첫 번째 구조

은혜 다음에

율법

하나님은 은혜로 모든 것을 시작하시고, 그러고 나서 이스라엘을 하나님의 율법에 순종하도록 부르십니다. 은혜가 먼저이고 그다음이 율법입니다. 이것이 하나님께서 이스라엘과 맺으신 언약의 첫 번째 구조입니다. 이 기본 구조를 신명기 본문을 통해 살펴보겠습니다. 먼저 신명기 4장 37-40절을 보십시오. 여기서 우리는 교차해서 나타나는 은혜와 율법을 확인할 수 있습니다.

은혜 4장 37-38절

"여호와께서 네 조상들을 사랑하신 고로 그 후손인 너를 택하시고 큰 권능으로 친히 인도하여 애굽에서 나오게 하시며 너보다 강대한 여러 민족을 네 앞에서 쫓아내고 너를 그들의 땅으로 인도하여 들여서 그것을 네게 기업으로 주려 하심이 오늘과 같으니라"

율법 4장 39-40절

"그런즉 너는 오늘 위로 하늘에나 아래로 땅에 오직 여호와는 하나님이시요 다른 신이 없는 줄을 알아 명심하고 오늘 내가 네게 명령하는 여호와의 규례와 명령을 지키라 너와 네 후손이 복을 받아 네 하나님 여호와께서 네게 주시는 땅에서 한없이 오래 살리라"

은혜와 율법의 연관성이 보이나요? 하나님께서는 먼저 이스라엘을 약속한 땅으로 인도하셔서 그들 조상에 대한 사랑과, 또 그들과 맺은 언약의 성취를 기억나게 하십니다. 그러고 나서 그들에게 순종하라고 명령하십니다. 신명기 5장 6-7절에서도 동일한 연관성을 확인할 수 있습니다.

은혜 5장 6절	**율법** 5장 7절
"나는 너를 애굽 땅, 종 되었던 집에서 인도하여 낸 네 하나님 여호와라"	"나 외에는 다른 신들을 네게 두지 말지니라"

십계명의 서론은 하나님의 율법이 언제나 은혜와 연결되어 있음을 보여줍니다. 은혜 언약 안에서 율법은 결코 은혜를 앞서지 않습니다. 항상 그 뒤에 나옵니다. 은혜와 율법의 연관성은 신명기 7장 6-11절에서 다시 한번 확인할 수 있습니다.

은혜 7장 6-8절	**율법** 7장 9절-11절
"너는 여호와 네 하나님의 성민이라 네 하나님 여호와께서 지상 만민 중에서 너를 자기 기업의 백성으로 택하셨나니 여호와께서 너희를 기뻐하시고 너희를 택하심은 너희가 다른 민족보다 수효가 많기 때문이 아니니라 너희는 오히려 모든 민족 중에 가장 적으니라 여호와께서 다만 너희를 사랑하심으로 말미암아 또는 너희의 조상들에게 하신 맹세를 지키려 하심으로 말미암아 자기의 권능의 손으로 너희를 인도하여 내시되 너희를 그 종 되었던 집에서 애굽 왕 바로의 손에서 속량하셨나니"	"그런즉 너는 알라 오직 네 하나님 여호와는 하나님이시요 신실하신 하나님이시라 그를 사랑하고 그의 계명을 지키는 자에게는 천 대까지 그의 언약을 이행하시며 인애를 베푸시되 그를 미워하는 자에게는 당장에 보응하여 멸하시나니 여호와는 자기를 미워하는 자에게 지체하지 아니하시고 당장에 그에게 보응하시느니라 그런즉 너는 오늘 내가 네게 명하는 명령과 규례와 법도를 지켜 행할지니라"

다시 한번 은혜 이후에 율법이 나옵니다. 신명기 9장과 10장에서도 마찬가지입니다.

은혜 9장 1절-10장 11절

금송아지 사건과 가데스 바네아 사건을 상기시키면서 하나님께서 이스라엘에게 베푸신 은혜를 보여 줌

율법 10장 12-13절

"이스라엘아 네 하나님 여호와께서 네게 요구하시는 것이 무엇이냐 곧 네 하나님 여호와를 경외하여 그의 모든 도를 행하고 그를 사랑하며 마음을 다하고 뜻을 다하여 네 하나님 여호와를 섬기고 내가 오늘 네 행복을 위하여 네게 명하는 여호와의 명령과 규례를 지킬 것이 아니냐"

위에서 볼 수 있듯이, 은혜 다음이 율법입니다. 10장 14-16절에서도 확인할 수 있습니다. 14-15절은 은혜를, 16절은 율법을 말합니다.

은혜 10장 14-15절

"하늘과 모든 하늘의 하늘과 땅과 그 위의 만물은 본래 네 하나님 여호와께 속한 것이로되 여호와께서 오직 네 조상들을 기뻐하시고 그들을 사랑하사 그들의 후손인 너희를 만민 중에서 택하셨음이 오늘과 같으니라"

율법 10장 16절

"그러므로 너희는 마음에 할례를 행하고 다시는 목을 곧게 하지 말라"

우리는 신명기의 다섯 본문을 통해 구문론적으로도 신학적으로도 은혜와 율법 사이에 연관성이 있음을 볼 수 있습니다. 먼저 이스라엘을 향한 하나님의 조건 없는 은혜를 말하고, 그 은혜에 대한 반응으로 하나님께

순종해야 하는 의무를 말하고 있습니다. 율법은 하나님의 사랑에 반응하여 그 사랑에 대한 표현으로 지켜야 하는 것입니다. 이것이 하나님과 이스라엘이 맺은 언약의 첫 번째 기본 구조인 은혜와 율법입니다. 항상 은혜가먼저이고 그다음이 율법입니다.

언약의 두 번째 구조

복 또는 저주

하나님이 이스라엘과 맺으신 언약의 두 번째 기본 구조는 '복 또는 저주'입니다. 은혜와 율법, 그리고 복과 저주로 구성된 구조입니다. 주요 본문 두 곳에서 이 구조를 확인할 수 있습니다. 신명기 11장 26-28절과 28장입니다. 11장 26-28절을 먼저 살펴보겠습니다.

> 내가 오늘 복과 저주를 너희 앞에 두나니 너희가 만일 내가 오늘 너희에게 명하는 너희의 하나님 여호와의 명령을 들으면 복이 될 것이요 너희가 만일 내가 오늘 너희에게 명령하는 도에서 돌이켜 떠나 너희의 하나님 여호와의 명령을 듣지 아니하고 본래 알지 못하던 다른 신들을 따르면 저주를 받으리라(신명기 11:26-28)

하나님께서는 이스라엘에게 선택권을 주십니다. 복인가 저주인가. 복은 언약에 순종함으로 받고, 저주는 언약에 불순종함으로 받습니다.

그리고 하나님은 이 내용을 26장까지 이어지는 모든 율법을 다 말씀한 다음에 다시 한번 언급하십니다. 28장에서는 그들 앞에 놓인 선택을 재차 상기시키십니다. 율법과 은혜, 복 또는 저주입니다. 28장 1-14절에서는 하나님께 순종하면 이스라엘에게 복을 주시겠다고 약속하십니다. 그들을 이 땅의 모든 나라와 민족 가운데서 가장 높이시고, 그들의 성읍이 복을 받을 것이며, 몸의 소생과 토지의 소산을 많게 하시고, 그들을 대적하는 적군들을 패하게 하시며, 그들이 손으로 하는 모든 일에 복을 내리겠다고 약속하십니다. 복에 대한 약속은 순종을 조건으로 하고 있습니다. 흥미롭게도 복의 내용은 아브라함에게 하신 약속과 연관됩니다. 아브라함은 민족의 아버지가 되고, 그의 자손은 번성할 것이며, 그의 씨는 대적의 성문을 차지할 것입니다. 아브라함에게 하신 이 모든 약속이 이제 순종을 조건으로 이스라엘에게 주어집니다.

하지만 동시에 하나님은 불순종에 따르는 저주를 경고하십니다. 하나님은 그들의 먹을 것과 몸의 소생과 토지의 소산을 저주하겠다고 하십니다. 비를 내리지 않으실 것이며, 땅이 철이 될 것이고, 질병과 재앙이 임해 남는 자가 얼마 되지 않을 것이며, 마지막에는 그들을 만민 중에 흩으시고 포로가 되게 하셔서 대적들이 승리할 것이라고 말씀하십니다. 만일 이스라엘이 불신앙과 불순종의 삶을 살면 뱀의 후손이 여자의 후손을 이길 것입니다. 저주는 아브라함에게 하신 약속을 뒤집습니다. 이스라엘이 더는 땅에서 큰 민족을 이루지 못하고 소수 민족으로 땅에서 쫓겨난 채 흩어질 것입니다. 이것이 이스라엘과 맺으신 율법 언약의 구조입니다. 은혜와 율법, 복 또는 저주, 약속의 땅에서 하나님 나라가 실행되는 구조이죠. 모든 것은 하나님의 아들인 이스라엘이 하나님과 맺은 율법 언약을 얼마나 잘 지키는지에 달려 있습니다.

하나님께서 이스라엘에게 은혜를 베푸셨으니 "이제 너희는 순종할 것인가? 너희는 복을 받을 것인가, 아니면 저주를 받을 것인가?" 이것이 바

하나님은 **은혜**로 모든 것을 시작하시고, 그러고나서 **율법**을 주셨습니다. 이제 그들이 **순종**하여 **복**을 받을 것인가, 아니면 그들의 조상들처럼 **불순종**하여 **저주**를 받을 것인가? 이것이 모압 땅에 선 이스라엘에게 하나님께서 던지는 질문입니다.

로 하나님께서 모세를 통해 이스라엘에게 던지시는 질문입니다. 선택은 그들의 몫입니다. 이제 중요한 질문은 이것이죠. 하나님의 아들인 이스라엘이 믿음과 순종으로 언약을 지켜서 하나님 나라를 실현할 것인가? 아니면 모세가 이미 신명기에서 언급했듯이 그들의 조상들을 따라 불신앙과 불순종을 반복할 것인가? 아니면, 조상들을 통해 교훈을 얻었으므로 이제 믿음과 순종의 삶을 살면서 하나님 나라를 실현할 것인가? 이것이 바로 은혜와 율법, 복과 저주라는 언약의 구조 안에서 신명기가 던지는 가장 중요한 질문입니다. 그렇다면 하나님 나라가 이 땅에 실현되리라는 소망이 보이나요?

실패한 소망

두 세대의

유사성

신명기를 읽다 보면, 이스라엘에게 소망이 없어 보입니다. 모세는 계속해서 이스라엘이 그들 조상보다 더 나을 것이 없다고 암시하기 때문입니다. 금송아지를 만들고 가데스 바네아에서 약속의 땅에 들어가기를 거부했던 조상들과 이스라엘 백성이 다를 바 없다는 것이죠. 모세는 이스라엘이 불순종해서 환난을 겪을 것이라고, 불순종이 일어나기도 전에 미리 말하고 있습니다.

신명기 본문을 다시 한번 살펴보겠습니다. 4장 25절부터 모세는 장래 일을 말하기 시작합니다. 그러고 나서 30절에 이르러서 이렇게 말합니다.

이 모든 일이 네게 임하여 환난을 당하다가 끝날에…(신명기 4:30)

9장 8절과 22절에도 같은 내용이 나옵니다. 모세는 호렙 산과 금송아지 사건에 대해 이렇게 말합니다.

호렙 산에서 너희가 여호와를 격노하게 하였으므로(신명기 9:8)

하지만 이것은 그들이 한 일이 아니었습니다. 그들의 조상이 행한 일입니다. 또 9장 22절에서는 가데스 바네아의 불순종 사건에 대해 이렇게 말합니다.

너희가…여호와를 격노하게 하였느니라(신명기 9:22)

하지만 이 또한 그들이 아니라 그들의 조상이 한 일이었습니다. 그렇다면 모세는 지금 무슨 말을 하고 있는 걸까요? 모세는 이스라엘의 새로운 세대와 애굽을 탈출한 첫 세대 사이의 유사성을 보여 주고 있습니다. '그들도 실패했고 너희도 실패한다.' 이것이 바로 슬프고 비참한 이스라엘 자손의 모습입니다. 10장 16절에서 하나님은 이에 대해 이렇게 말씀하십니다.

그러므로 너희는 마음에 할례를 행하고 다시는 목을 곧게 하지 말라
(신명기 10:16)

9장 6절에서도 그들을 "목이 곧은 백성"이라고 언급합니다. 따라서 그들이 약속의 땅에 들어간 후에 율법 언약을 얼마나 잘 지킬지에 대한 모세의 평가는 분명합니다. 모세는 그들이 목을 곧게 할 것이고, 마음에 할례를 행하지 않을 것이라고 봅니다.

모세는 30장에서 다시 한번 분명하게 말합니다. 여기서 볼 수 있듯이 '복'은 순종의 결과이고 '저주'는 불순종의 결과입니다,

내가 네게 진술한 모든 복과 저주가 네게 임하므로 네가 네 하나님

여호와로부터 쫓겨간 모든 나라 가운데서 이 일이 마음에서 기억이

나거든(신명기 30:1)

신명기 거의 마지막에 이르러서 모세는 더 직접적으로 말합니다. "너희들은 불순종할 것이고 그 결과 쫓겨나게 될 것이다." 따라서 '이스라엘이 언약을 잘 지킬 것인가?'라는 질문에 대한 답은 그리 희망적이지 않습니다. 불길한 소망이며 실패한 소망입니다. 왜냐하면 이스라엘은 자기 조상과 다를 바 없을 것이기 때문입니다. 시내 산에서 첫 율법 언약을 받고 출애굽 세대에게서 나타난 문제는 하나님께서 모압 땅에서 율법 언약을 새롭게 하신 이후에도, 그다음 세대에도 계속 반복됩니다. 백성이 스스로 마음에 행한 할례는 하나님과 맺은 율법 언약을 지키게 할 능력이 없었습니다. 따라서 질문은 이것입니다. 과연 이스라엘에게 소망이 있는가? 그들에게서 하나님 나라가 실현되리라 기대할 수 있는가?

하나님의 아들이었던 첫 아담은 이미 실패했고, 당시 하나님의 아들인 이스라엘은 과거에 실패했으며 미래에도 실패할 것이라고 모세는 말합니다. 그렇다면 우리는 이 땅에 하나님 나라가 실현되리라고 기대할 수 있을까요? 만일 하나님 나라의 실현이 율법 언약 안에서 약속의 땅에 들어간 하나님의 아들, 이스라엘의 믿음과 순종에 달렸다면 말입니다.

언약의 세 번째 구조

더 큰 은혜

앞의 질문에 대한 답은 하나님이 맺으신 언약의 마지막 요소로 이어집니다. 우리는 지금까지 율법과 은혜, 복과 저주를 살펴보았고, 마지막으로 '더 큰 은혜'를 알아보려고 합니다. 하나님이 이스라엘과 맺은 언약의 구조는 세 가지로 요약됩니다. 율법과 은혜, 복과 저주, 그리고 더 큰 은혜가 이스라엘과 맺은 언약의 구조입니다. 하나님께서는 저주 이후에 더 큰 은혜로 우리에게 다가오십니다. 신명기 30장 1-5절은 회복의 은혜를 보여 줍니다.

> 내가 네게 진술한 모든 복과 저주가 네게 임하므로…너와 네 자손이 네 하나님 여호와께로 돌아와 내가 오늘 네게 명령한 것을 온전히 따라 마음을 다하고 뜻을 다하여 여호와의 말씀을 청종하면 네 하나님 여호와께서 마음을 돌이키시고 너를 긍휼히 여기사 포로에서 돌아오게 하시되 네 하나님 여호와께서 흩으신 그 모든 백성 중에서 너를 모으시리니 네 쫓겨 간 자들이 하늘 가에 있을지라도 네 하나님 여호와께서 거기서 너를 모으실 것이며 거기서부터 너를 이끄실 것이라

네 하나님 여호와께서 너를 네 조상들이 차지한 땅으로 돌아오게 하
사 네게 다시 그것을 차지하게 하실 것이며(신명기 30:1-5)

이스라엘의 불순종과 그로 인한 저주 이후에 하나님께서는 은혜로 그들
에게 다시 다가오실 것입니다. 그들은 그들의 땅으로 돌아와서 여호와의
목소리를 청종하고, 여호와께서는 그들을 회복하실 것입니다. 포로로 잡혀
있던 땅에서 그들을 다시 불러내어 약속의 땅을 다시 차지하게 하실 것입
니다. 하나님께서는 불순종으로 저주가 임한 이스라엘에 은혜로 다시 찾
아오실 것입니다. 따라서 언약의 구조는 은혜와 율법, 복과 저주, 그리고
더 큰 은혜입니다.

그런데 여기서 질문이 또 생깁니다. 이 순환이 계속해서 반복되지 않을
까? 하나님의 아들인 이스라엘이 은혜를 경험하고도 다시 범죄하지 않을
까? 하나님이 주신 율법을 또 어기고 그 대가로 저주를 받아 다시 하나님
의 은혜가 필요하지 않을까? 그러면 이 순환이 그저 계속해서 반복되는 것
일까요?

신명기 30장 6절을 다시 한번 보겠습니다.

네 하나님 여호와께서 네 마음과 네 자손의 마음에 할례를 베푸사 너
로 마음을 다하며 뜻을 다하여 네 하나님 여호와를 사랑하게 하사 너
로 생명을 얻게 하실 것이며(신명기 30:6)

시내 산에서 이스라엘과 율법 언약을 처음 맺었을 때나, 그 후에 광야
세대와 율법 언약을 다시 맺었을 때나 가장 큰 문제는 이스라엘의 마음에
있었습니다. 하나님께서 신명기 10장 16절에서 그들에게 하신 말씀을 기

억하시나요? "너희는 마음에 할례를 행하고." 하지만 30장 6절에서는 누가 할례를 행하고 있나요? 바로 하나님입니다. 하나님께서는 문제의 핵심을 찌르고 계십니다. 왜냐하면 문제의 핵심은 사람의 마음에 있기 때문입니다.

하나님은 이스라엘을 내면에서부터 새롭게 하실 것입니다. 그들에게 새 마음을 주시고 그들의 마음에 할례를 행하심으로써 그들이 마음과 뜻과 힘을 다하여 여호와를 사랑하도록 하실 것입니다. 하나님께서 이렇게 하시면 무슨 일이 일어날까요? 답은 8절에 있습니다. 이어서 신명기 30장 9-10절은 마음에 할례를 받은 후에 일어날 일들입니다.

> 너는 돌아와 다시 여호와의 말씀을 청종하고 내가 오늘 네게 명령하는 그 모든 명령을 행할 것이라(신명기 30:8)

> 네가 네 하나님 여호와의 말씀을 청종하여 이 율법책에 기록된 그의 명령과 규례를 지키고 네 마음을 다하며 뜻을 다하여 여호와 네 하나님께 돌아오면 네 하나님 여호와께서 네 손으로 하는 모든 일과 네 몸의 소생과 네 가축의 새끼와 네 토지 소산을 많게 하시고 네게 복을 주시되 곧 여호와께서 네 조상들을 기뻐하신 것과 같이 너를 다시 기뻐하사 네게 복을 주시리라(신명기 30:9-10)

따라서 마음에 할례를 행하시겠다는 약속과 이스라엘과 맺으신 언약에 담긴 '더 큰 은혜'라는 요소는 이스라엘이 하나님을 사랑하고 하나님의 명령에 순종하는 것을 가능하게 합니다. 또한 이 약속은 이후 세대들에게도 이루어질 것이라고 약속하십니다. 보십시오.

네 하나님 여호와께서 네 마음과 네 자손의 마음에 할례를 베푸사(신명기 30:6)

장래의 은혜에 관한 약속은 단지 이 세대만이 아니라 모든 세대를 위한 것입니다. 자손의 마음에도 할례를 베푸신다는 약속은 은혜가 자연 질서도 회복시킨다는 것을 보여 줍니다. 은혜는 가족으로 이어진 자연 질서를 뛰어넘거나 비껴가지 않습니다. 은혜는 가족들을 통해 계속 흘러갑니다. 이것이 하나님께서 세상을 운행하시는 이치입니다. 여기서 우리는 새 언약에 대한 첫 힌트를 얻습니다. 은혜 언약이 결실을 맺을 때 자손 대대로 마음과 영혼과 뜻과 힘을 다해 하나님을 사랑하는 마음을 갖게 될 것입니다. 이것이 바로 하나님의 언약 구조입니다. 은혜와 율법, 복과 저주, 그리고 더 큰 은혜.

READING JESUS

리딩지저스
: 그리스도 중심으로 읽는 신명기

은혜와 율법, 복과 저주, 그리고 더 큰 은혜는 장차 오실 하나님의 아들과 어떤 관련이 있을까요? 우리는 이스라엘이 모압 땅에서 약속의 땅으로 들어가려고 준비하던 때 하나님 나라의 실현이 코앞에 다가와 있는 모습을 보았습니다. 하나님의 백성인 이스라엘은 약속의 땅 가나안에 곧 들어가게 됩니다. 그리고 그들이 거기에 머물고 싶다면 하나님의 계명에 순종해야 합니다. 하나님의 거룩한 대리인인 모세를 통해 주신 십계명에 순종해야 합니다. 하나님 나라의 성패는 하나님과 언약 관계에 있는 하나님의 아들인 이스라엘의 믿음과 순종에 달려 있습니다. 실패했던 아담과 달리 이스라엘은 성공할 수 있을까요? 만약 성공한다면 하나님 나라가 그들을 통해 실현될 것입니다. 하지만 실패한다면 우리는 또 다른 하나님의 아들을 기다려야 합니다. 우리는 구원의 역사를 통해 이스라엘 백성이 실패한 사실을 잘 알고 있습니다. 그래서 구약은 장차 오실 구원자를 기다리게 합니다.

하나님이 약속하신 대로 그의 아들, 예수 그리스도를 보내 주셨습니다. 예수님은 하나님과 맺은 언약 관계 안에서 완전한 믿음과 순종의 삶을 사셨습니다. 그리고 하나님은 예수님을 통해 우리를 구원하시고 더 큰 은혜 가운데 성령으로 우리 마음을 새롭게 하셨습니다. 그 은혜는 우리에게 새 마음을 주어서 우리로 온 마음과 뜻과 힘을 다해 하나님을 사랑하게 합니다.

3부

성
／
경
／
나
／
눔

신명기는 율법에 초점을 둔 책이지만 동시에 하나님의 은혜에 관한 책입니다. 그리스도인들은 흔히 십계명이나 신명기에 나오는 율법들을 그저 순종해야 하는 명령, 아니면 행위로 의로움을 얻기 위한 수단으로 여기는데, 이는 율법 자체가 하나님이 주신 은혜의 선물임을 잘 모르기 때문입니다. 율법이 은혜인 이유는 1) 삶의 규범을 제시해 주고, 2) 하나님께 나아가는 길을 마련해 주며, 3) 죄를 용서해 주기 때문입니다. 성막이나 제사와 관련하여 이스라엘 백성이 세밀하고 꼼꼼하게 지켜야 했던 모든 율례에는 오직 단 하나의 목적이 있었는데, 그것은 바로 하나님께서 그들의 죄를 사하시고 그들 가운데 거하시기 위한 것이었습니다. 그런 의미에서 십계명을 비롯하여 모세의 율법에 포함되는 모든 규례는 은혜로 가득 찬 것이라고 할 수 있습니다.

우리는 신명기 본문 전체를 통해 하나님께서 먼저 은혜를 주시고 그다음에 율법을 주시는 언약의 기본 구조를 살펴보았습니다. 하나님은 모든 것을 은혜로 먼저 시작하시고, 그러고 나서 이스라엘을 하나님의 율법에 순종하도록 부르시죠. 율법이 결코 은혜를 앞서지 않습니다. 항상 그 뒤에 나옵니다. 그런 이후에 하나님께서는 모세를 통해 이스라엘에게 순종을 조건으로 복을 약속하시며, 불순종에 따르는 저주를 경고하십니다. 이것은 하나님께서 아담과 아브라함에게 주신 언약을 우리에게 상기시킵니다. 그리고 우리는 이 '은혜-율법', '복-저주'의 구조 안에서 신명기를 계속 읽으면서 자연스럽게 이런 질문을 하게 됩니다. 하나님께서 은혜를 베푸셨으니 이제 이들은 순종할 것인가? 이들에게 복이 임할 것인가, 아니면 저주가 임할 것인가?

이 질문에 대한 답은 하나님의 언약 구조의 마지막 요소인 '더 큰 은혜'로 이어집니다. 모세는 "목이 곧은 백성"인 이 세대도 그들의 조상처럼 하나님을 반역할 것이라고 예견합니다. 그렇다면 이스라엘의 결말은 언제나 결국 저주일 뿐입니다. 그러나 신명기는 거기에서 끝나지 않고 이스라엘의 불순종과 그로 인한 저주 이후에 하나님이 '더 큰 은혜'로 그들에게 다시 다가오신다고 약속합니다. 은혜와 율법, 복과 저주, 그리고 더 큰 은혜의 구조입니다. 그러나 여기서 다시 한번 질문이 생깁니다. 더 큰 은혜를 경험하고도 다시 범죄하지 않을까? 하나님이 주신 율법을 또 어기고 또 저주를 받고 또다시 하나님의 더욱더 큰 은혜가 필요하지 않을까? 그러면 이 순환이 계속해서 반복되지 않을까?

하나님께서는 문제의 핵심이 바로 '사람의 마음'에 있다고 하십니다. 그리고 그 마음에 하나님께서 직접 할례를 베푸셔서 마음을 다하여 하나님을 사랑하고 하나님 명령에 순종하는 것을 가능하게 하겠다고 약속하십니다(신명기 30:6). 그 약속의 성취에 다른 아들들처럼 실패하지 않고 이 땅에서 자발적으로 완전한 순종의 삶을 살아가신 하나님의 아들이 있습니다.

❶ 신명기는 (　　　)에 관한 책이지만 동시에 (　　　)에 관한 책이기도 합니다. (신명기에 들어가며)

❷ 율법이 은혜인 이유는

- (　　　　　　)을 제시해 주기 때문입니다.
- (　　　　　　　　)을 마련해 주기 때문입니다.
- (　　)를 용서해 주기 때문입니다. (성경수업 Lesson 1)

❸ 하나님은 (　　　)로 모든 것을 시작하시고, 그러고 나서 이스라엘을 하나님의 (　　　)에 순종하도록 부르십니다. (　　　)가 먼저이고 그다음이 (　　　)입니다. 이것이 하나님께서 이스라엘과 맺으신 언약의 첫 번째 구조입니다. (성경수업 Lesson 2)

❹ 하나님이 이스라엘과 맺으신 언약의 두 번째 기본 구조는 (   ) 또는 (   )입니다. 은혜와 율법, 그리고 (   )과 (   )로 구성된 구조입니다. (성경수업 Lesson 3)

❺ 율법과 은혜, 복과 저주, 그리고 (   )가 하나님이 이스라엘과 맺은 언약의 구조입니다. 하나님께서는 저주 이후에 (   )로 우리에게 다가오십니다. (성경수업 Lesson 5)

❻ "네 하나님 여호와께서 네 마음과 네 자손의 마음에 (   )를 베푸사 너로 마음을 다하며 뜻을 다하여 네 하나님 여호와를 사랑하게 하사 너로 생명을 얻게 하실 것이며"(신명기 30:6)
하나님은 이스라엘을 내면에서부터 새롭게 하실 것입니다. 그들에게 새 마음을 수시고 그들의 마음에 (   )를 행히심으로써 그들이 마음과 뜻과 힘을 다하여 여호와를 (   )하도록 하실 것입니다. (성경수업 Lesson 5)

정답

1. 율법, 은혜 2. 삶의 규범, 하나님께 나아가는 길, 죄 3. 은혜, 율법, 은혜, 율법 4. 복, 저주, 복, 저주 5. 더 큰 은혜, 더 큰 은혜 6. 할례, 할례, 사랑

❶ 율법은 하나님이 이스라엘 백성에게 주신 은혜의 선물입니다. 율법이 은혜인 세 가지 이유는 무엇인가요? 이스라엘 백성이 율법을 지켜야 하는 단 한 가지 목적은 무엇인가요?

❷ 하나님이 주신 말씀이 은혜임을 알지만, 때때로 큰 부담으로 다가오기도 합니다. 하나님의 말씀대로 살지 못해 좌절한 적이 있나요? 또, 부담으로 다가왔지만 순종하여 회복의 은혜를 경험한 적이 있나요?

❸　하나님은 이스라엘 백성이 불순종을 반복하여 실패하고 죄를 범할 것을 알고 계셨습니다. 하지만 신실하신 하나님은 그러한 이스라엘을 위해 구원의 역사를 통해 더 큰 은혜를 베푸실 것을 약속하십니다. 이스라엘 백성처럼 은혜를 경험하고도 다시 죄를 지은 적이 있나요? 하나님의 거룩한 백성답게 살아가기 위해 기억해야 할 하나님의 약속, '더 큰 은혜'는 무엇인가요?

❶ 성경 말씀에 기초해, 찬양과 감사의 기도를 드립니다.

이스라엘아 들으라

우리 하나님 여호와는 오직 유일한 여호와이시니

너는 마음을 다하고 뜻을 다하고 힘을 다하여

네 하나님 여호와를 사랑하라

신명기 6:4-5

❷ 일상의 변화를 소망하며, 회개와 결단의 기도를 드립니다.

❸ 서로를 위해, 또 교회를 위해 기도합니다.

시편 119편 57-64절

여호와는 나의 분깃이시니

나는 주의 말씀을 지키리라 하였나이다

내가 전심으로 주께 간구하였사오니

주의 말씀대로 내게 은혜를 베푸소서

내가 내 행위를 생각하고

주의 증거들을 향하여 내 발길을 돌이켰사오며

주의 계명들을 지키기에 신속히 하고

지체하지 아니하였나이다

악인들의 줄이 내게 두루 얽혔을지라도

나는 주의 법을 잊지 아니하였나이다

내가 주의 의로운 규례들로 말미암아

밤중에 일어나 주께 감사하리이다

나는 주를 경외하는 모든 자들과

주의 법도들을 지키는 자들의 친구라

여호와여 주의 인자하심이 땅에 충만하였사오니

주의 율례들로 나를 가르치소서

1

여호수아

여호수아서는 약속의 땅에 관한 책이며, 동시에 리더십에 관한 책입니다. 이 책은 모세가 죽고 여호수아가 모세를 계승하는 이야기로 시작해 여호수아의 죽음으로 끝납니다. 약속의 땅을 밟아 보지도 못했고 어느 곳에 장사했다는 기록마저 없는 모세와 달리, 여호수아는 그가 유산으로 받은 땅에서 안식을 누립니다. 약속의 땅에서 안식을 누리게 하시겠다는 하나님의 약속이 여호수아서에서 분명히 성취되었음을 알 수 있습니다. 또한 여호수아서 마지막에 기록된 이런 모습은 이스라엘 백성이 광야에서 경험한 삶과 대조를 이룹니다. 광야 생활에는 안식이 없었지만 약속의 땅에서의 삶은 곧 안식을 의미합니다.

이러한 안식을 얻기 위해서는 우선 약속의 땅을 차지해야 했는데, 문제는 이미 그 땅에 가나안 족속이 살고 있었다는 것입니다. 정탐꾼들이 보고 돌아와 겁을 먹었던 거인과 같은 아낙 자손들이 그 땅에 있었죠. 약속의 땅을 차지하려면 그들을 몰아내고 전쟁을 치러야 했습니다.

이번 주에는 여호수아 전체를 통독하면서, 성경수업을 통해 여호수아서에 나타난 거룩한 전쟁의 의미와 하나님 약속의 성취에 대해서 살펴보겠습니다.

리딩지저스 1권 7강: 여호수아

QR코드를 찍으면 '여호수아' 리딩지저스 영상으로 바로 연결됩니다. 또는 유튜브에서 '리딩지저스 여호수아'를 검색하여 시청할 수 있습니다. '성경읽기'와 '성경수업'을 시작하기 전에 리딩지저스 영상을 시청하면 도움이 됩니다.

QR코드를 찍으면 **리딩지저스 오디오 바이블**로 연결됩니다. 45주 성경통독 일정에 맞추어 제작된 **오디오 바이블**을 통해 매일의 성경통독 분량을 부담 없이 완독할 수 있습니다. 그리스도 중심 성경읽기 《리딩지저스》와 함께하는 성경통독을 통해 하나님과 동행하는 하루하루가 되기를 소망합니다.

이번 주 성경읽기 스케줄

주일	리딩지저스 영상 시청, 성경수업 읽기			
	기본 읽기		핵심 읽기	
월	수 1-4장	완독	수 1장	
화	수 5-8장		수 6장	
수	수 9-12장		수 11장	
목	수 13-16장		수 14장	
금	수 17-20장		수 20장	
토	수 21-24장		수 24장	

기본 읽기 여호수아 1-4장
핵심 읽기 여호수아 1장

모세가 죽고 여호수아가 이스라엘의 지도자가 되었습니다. 하나님은 여호수아에게 "강하고 담대하라"라는 말씀과 "말씀을 다 지켜 행하라"라는 말씀을 함께 주십니다. 이스라엘 백성 역시 하나님의 말씀에 순종하고 여호수아를 따르겠다고 화답합니다. 이제 본격적인 정복 전쟁이 시작되었고, 여호수아는 첫 관문인 여리고 성으로 정탐꾼 두 명을 보냅니다. 이방 여인 라합의 도움으로 무사히 돌아온 이들의 보고를 들은 이스라엘 백성은 요단 강을 건너면서 하나님의 기적을 또 한 번 목격합니다. 이스라엘 백성이 요단 강을 건너자, 하나님은 요단 강 가운데에서 돌 열두 개를 어깨에 메고 나오라고 하십니다. 그들은 그 돌로 하나님의 은혜를 기억하는 기념물을 길갈에 세웁니다.

2일차 언약 백성이 싸우는 방식

기본 읽기 여호수아 5-8장
핵심 읽기 여호수아 6장

이스라엘 자손은 길갈에서 할례도 받습니다. 할례는 몸에 새기는 언약의 징표입니다. 이 같은 행동이 군사적으로는 최악이었으나, 하나님은 그들이 언약 백성인 줄 스스로 기억하기를 원하셨고, 이스라엘 백성은 그 말씀에 순종합니다. 요단 강을 건넌 이스라엘은 여리고 성을 정복합니다. 그러나 여세를 몰아쳐 들어간 아이 성 정복에는 실패합니다. 이유는 간단했습니다. 이스라엘의 전투 기술이 아니라 하나님 말씀에 얼마나 순종했는지에 따라 결과가 달라지기 때문입니다. 언약 백성은 하나님 말씀을 온전히 따르는 이들입니다. 두 사건은 이 전쟁의 진정한 주인이 하나님이시며 이스라엘은 대리인이라는 사실을 잘 보여 줍니다.

기본 읽기 여호수아 9-12장
핵심 읽기 여호수아 11장

여리고 성과 아이 성을 정복한 후, 어떤 사람들이 조약을 맺자며 이스라엘 백성을 찾아옵니다. 먼 데서 왔다는 말을 듣고 여호수아는 하나님 뜻을 구하지도 않고 덥석 조약을 맺습니다. 그러나 그들은 이웃에 사는 기브온 사람들이었습니다. 이 소식을 들은 가나안 땅의 왕들이 연합하여 이스라엘과 화친한 배신자 기브온을 공격합니다. 기브온을 돕기 위해 출정한 여호수아를 하나님은 격려하셨고, 이 전쟁은 이스라엘의 승리로 끝납니다. 이어서 이스라엘은 가나안 땅 북쪽부터 남쪽까지 전 지역을 공격해 취합니다. 모세 때부터 조금씩 진행해 온 정복 전쟁은 여호수아에 이르러 어느 정도 마무리됩니다. 모세와 여호수아는 33개 지역을 정복합니다. 하지만 모든 지역을 정복한 것은 아닙니다. 일단 여호수아는 하나님 말씀에 따라 지파별로 각 지역을 분배하고, 그들이 남은 전쟁을 수행하도록 합니다.

4일차 땅을 분배하다

기본 읽기 여호수아 13-16장
핵심 읽기 여호수아 14장

여호수아 13장부터 20장까지는 지파별로 분배받은 지역을 상세히 기록합니다. 야곱과 모세가 각 지파를 축복한 내용이 어떻게 실현되는지, 그리고 땅 분배 과정에서 각 지파가 어떤 반응을 보였는지를 살펴볼 수 있는 값진 본문입니다. 특히 우리가 주목해야 할 사람이 있는데, 바로 갈렙입니다. 갈렙은 하나님 언약에 의지해 헤브론과 드빌 땅을 당당히 요구했고, 마침내 점령합니다. 그 과정에서 이스라엘의 첫 번째 사사가 되는 옷니엘의 이름도 등장합니다. 13장부터는 하나님의 언약을 따르는 백성의 삶이 어떠해야 하는지를 세밀하게 묵상할 수 있습니다.

5일차　땅 분배로 성취되는 하나님 언약

기본 읽기　여호수아 17-20장
핵심 읽기　여호수아 20장

16장부터는 에브라임, 서쪽 므낫세, 베냐민, 시므온, 스불론, 잇사갈, 아셀, 납달리, 단 자손의 분배 내역을 상세히 기록합니다. 요셉 지파, 곧 에브라임과 므낫세 지파는 야곱의 예언이 성취되어 큰 무리가 되어서 다른 지파보다 더 많은 땅을 요구했으나, 여호수아는 산지를 개척하라는 도전적 과제를 제시합니다. 그 밖의 지파들도 분배 과정을 마칩니다. 또한, 민수기에서 모세가 일렀던 '도피성'을 실제로 지정합니다. 도피성은 실수로 살인한 사람이 여기로 피신해 피의 보복자에게서 목숨을 지키고 정당한 재판을 받게 하는 독특한 제도였습니다. 이렇게 애굽 탈출 과정에서 선포된 하나님 말씀은 가나안에서 실제로 성취됩니다. 아직 정복 전쟁이 완전히 끝나지는 않았으나 대략 마무리가 되었습니다. 하나님의 섬세한 인도로 마침내 이스라엘이 가나안에 정착하게 됩니다.

6일차　광야 시대는 역사 속으로

기본 읽기　여호수아 21-24장
핵심 읽기　여호수아 24장

하나님을 섬기는 일을 하는 레위인은 자기 땅을 받는 대신 각 지파에게서 성읍 48곳을 받아 흩어져 거주했습니다. 모든 정복이 끝나자 요단 강 동쪽 땅을 분배받은 지파들은 자기 땅으로 돌아가는데 이들은 독자적으로 제단을 쌓는 등 불안한 모습을 비추기 시작합니다. 이 소식을 듣고 분노한 다른 지파들이 이들을 치기 위해 군대를 일으킵니다. 공격 전에 제사장 엘르아살의 아들 비느하스와 각 지파 대표 열 명을 보내 따로 제단을 쌓은 이유를 듣습니다. 결국 오해는 풀리지만, 불안함은 여전합니다. 이런 상태에서 여호수아는 온 이스라엘에 "율법책에 기록된 것을 다 지켜 행하라 그것을 떠나 우로나 좌로나 치우치지 말라"라고 권면합니다. 이후 출애굽 두 번째 세대를 상징하는 여호수아와 엘르아살이 숨을 거둡니다. 여호수아서는 "여호와께서 이스라엘을 위하여 행하신 모든 일을 아는 자들이 사는 날 동안 여호와를 섬겼더라"라는 말로 끝납니다.

2부
성 / 경 / 수 / 업

강하고
담대하게
약속의 땅으로

이 율법책을 네 입에서 떠나지 말게 하며
주야로 그것을 묵상하여
그 안에 기록된 대로 다 지켜 행하라
그리하면 네 길이 평탄하게 될 것이며
네가 형통하리라
여호수아 1장 8절

하나님의 약속과 이스라엘의 순종

여호수아서의

서론

여호수아서를 여는 핵심은 하나님의 약속입니다. 모세는 죽었지만 하나님의 약속은 변하지 않았습니다. 하나님이 이스라엘 백성 가운데 변함없이 계시기 때문입니다. 좀 더 깊이 생각해 보면 하나님은 모세 이전에 아브라함과 이삭과 야곱과 약속을 하셨고, 이제 그 약속을 이루실 것입니다. 따라서 모세가 죽더라도 하나님의 약속은 변함이 없고, 하나님은 여전히 그들과 함께하실 것입니다. 변함없는 하나님의 임재가 "강하고 담대하라"라는 말씀의 근거가 됩니다. 여호수아가 어떻게 강하고 담대할 수 있었을까요? 하나님께서 "내가 너를 떠나지 아니하며 버리지 아니하리니"(여호수아 1:5)라고 말씀하셨기 때문입니다.

하지만 이스라엘 백성이 광야에서 이미 경험했듯이 하나님의 임재는 양날의 칼과 같습니다. 하나님께 순종하고 그분을 경외하며 하나님의 계명을 지키는 자에게는 기쁜 소식이지만, 언약을 깨뜨리는 자에게는 재앙을 의미합니다. 그래서 하나님께서는 여호수아에게 말씀하십니다.

나의 종 모세가 네게 명령한 그 율법을 다 지켜 행하고 우로나 좌로

나 치우치지 말라 그리하면 어디로 가든지 형통하리니 이 율법책을
네 입에서 떠나지 말게 하며 주야로 그것을 묵상하여 그 안에 기록된
대로 다 지켜 행하라 그리하면 네 길이 평탄하게 될 것이며 네가 형
통하리라(여호수아 1:7-8)

이것이 여호수아서의 핵심 주제입니다. 과연 여호수아의 길이 평탄하고 형통할까요? 이 말씀 후에는 곧바로 하나님 백성이 과연 연합할 것인가라는 과제를 다룹니다(여호수아 1:12-18). 르우벤 지파, 갓 지파, 므낫세 지파의 절반은 약속의 땅으로 들어가기 전에 이미 요단 강 동쪽을 유산으로 받았습니다. 그렇다면 과연 이들이 자기 형제들과 함께 약속의 땅을 정복하려고 나설까요? 아니면 거절하고 이미 받은 땅에 머물겠다고 할까요? 이들은 여호수아에게 전쟁에 동참하겠다고 말합니다.

우리는 범사에 모세에게 순종한 것같이 당신에게 순종하려니와(여호
수아 1:17)

그들은 여호수아의 리더십을 단지 말로만 인정한 게 아니라 온전히 순종하겠다고 약속합니다. 이로써 여호수아서의 핵심 주제가 다시 한번 분명해집니다. 여호수아가 여호와의 명령에 즉시 순종했듯이 백성들도 여호수아의 명령에 철저히 순종하겠다는 것입니다. 그러면서 그들은 하나님께서 여호수아와 함께하신다는 사실을 싱기시키며 말합니다. "오직 강하고 담대히 하소서"(여호수아 1:18). 이 말이 여호수아에게 얼마나 큰 힘이 되었을까요? 그러고는 모두 한마음으로 나아갑니다. 이제 약속의 땅을 향한 승리의 행진만 남은 것입니다.

정탐꾼과 라합의 믿음

행동으로 이어지는

믿음

여호수아는 정탐꾼 두 명을 보내 여리고 성을 엿보고 오라고 합니다. 여기서 우리는 질문이 생깁니다. 이것이 과연 '강하고 담대한' 행동일까? 과거에도 정탐꾼을 보냈다가 겁먹고 돌아온 적이 있기 때문입니다. 게다가 이번에 두 정탐꾼은 여리고에 도착해 어떤 기생 집에 들어가 묵습니다. 뜻밖의 행보입니다. 거룩한 전쟁을 준비하려면 더 엄격하게 정결함을 유지하고, 부정한 동침은 아예 하지 말아야 하는데 말입니다. 하지만 이들은 이전 정탐꾼들이 실패했던 임무를 올바로 완수하고 있었습니다. 이방 여인인 기생 라합을 만나 오히려 그 여인이 이스라엘의 하나님을 경배하도록 합니다.

라합이 단순히 기생으로서 권력자에 대한 반감 때문에 이런 행동을 한 것은 아니었습니다. 그보다는 하나님께서 이미 라합의 마음속에서 일하고 계셨기 때문에 이 일을 행한 것입니다. 라합의 고백을 들어봅시다.

여호와께서 이 땅을 너희에게 주신 줄을 내가 아노라…너희가 애굽에서 나올 때에 여호와께서 너희 앞에서 홍해 물을 마르게 하신 일과 너희가 요단 저쪽에 있는 아모리 사람의 두 왕 시혼과 옥에게 행한 일 곧 그들을 전멸시킨 일을 우리가 들었음이니라…너희의 하나님 여호와는 위로는 하늘에서도 아래로는 땅에서도 하나님이시니라

(여호수아 2:9-11)

이스라엘이 여리고를 공격하기도 전에 여호와께서 앞서 일하셔서 여리고 사람들의 사기는 완전히 꺾여 있었습니다.

여리고 성 함락의 더 중요한 의미는 '하나님을 대적하는 민족은 마지막 때에 멸망한다'라는 종말론적 사건을 미리 보여 주는 대표적인 사례라는 점입니다. 그런데 전혀 기대하지 않았던 곳에서 하나님께서 은혜를 베푸십니다. 그 사건의 주인공은 바로 라합입니다. 라합은 그 본성상 하나님의 저주 아래 있는 수많은 사람을 대표합니다. 그런 그가 이스라엘의 하나님께 나아가 그분을 의지하여 구원을 얻고, 첫 열매가 됩니다. 그를 통해 우리는 하나님께서 은혜를 먼저 베푸시고, 그다음에 진노하신다는 사실을 다시 한번 확인합니다.

또한 우리는 라합을 통해 믿음이 무엇인지도 알 수 있습니다. 그는 여호와께서 살아 계시고 크신 능력을 가진 분이라고 믿고 구원에 이르렀으나 거기서 머무르지 않습니다. 그의 믿음은 행동으로 이어져 이스라엘 정탐꾼을 숨기고 보호합니다. 라합은 그 땅을 이스라엘 백성에게 주겠다는 하나님의 약속을 신뢰했고, 그 믿음을 행동으로 보여 줍니다. 라합은 똑같이 정탐꾼들에게도 약속의 증표를 구합니다(여호수아 2:12). 증표로는 붉은 줄이 사용되는데, 피를 떠올리게 하는 이 붉은 줄은 자연스럽게 유월절 이야기와 연관됩니다. 유월절 사건의 재현을 통해 이번에는 이방 백성도 저주에서 건져집니다. 이 사건으로 인해 라합만이 아니라 온 세상이 생명을 얻

라합은 가나안 땅을 이스라엘 백성에게 주겠다는 하나님의 약속을 신뢰했고,
그 **믿음을 행동으로** 보여 줍니다. 결국 그는 그 믿음으로 언약 공동체 안에 속
했고, 예수님의 족보에까지 포함됩니다.

는다는 것입니다.

결국 이방 여인인 기생 라합은 믿음으로 언약 공동체 안에 속했고, 예
수님의 족보에까지 포함됩니다(마태복음 1:5). 족보에는 라합 말고도 다말,
룻, 밧세바 같은 여인이 등장합니다. 마태복음에 기록된 족보가 이 여인들
을 통해 전달하려는 중심 진리는, 예수님께서는 죄인을 구원하러 오셨다
는 것입니다. 이 여인들의 삶은 결코 하나님 기준에 부합했다고 할 수 없
고 오히려 하나님의 진노 가운데 있었으나, 그런 죄인을 위해 예수님은 오
셨습니다. 라합도 그중 한 사람이었습니다.

여리고 전투의 의미

**하나님이 주도하시는
하나님의 전쟁**

하나님은 여리고 성 전투에 앞서 길갈에서 언약을 갱신하십니다. 애굽을 탈출했던 세대는 할례는 받았으나 불신앙으로 인해 약속의 땅에 들어가지 못합니다. 이제 하나님은 다음 세대에게 할례를 받도록 해서 언약의 징표를 새롭게 하십니다. 물론 하나님 백성이 언약의 징표 때문에 안식을 누리는 것은 아닙니다. 하지만 그 징표가 가리키는 방향을 따라서 하나님께 순종하는 삶으로 나아가야 합니다. 언약을 신실하게 지키는 것이야말로 약속된 복을 누리고 저주에서 보호받는 전제 조건입니다. 하지만 하나님과 맺은 언약의 성취는 궁극적으로 인간의 순종이 아니라 구원하시는 하나님의 능력에 달려 있음도 분명히 알아야 합니다.

여리고 성 점령에는 이 모든 의미가 담겨 있습니다. 먼저 여호수아는 어떤 사람이 손에 칼을 들고 자기 앞에 서 있는 환상을 보는데, 여호와의 군대 대장이었습니다. 그는 여호수아에게 전투 전략을 알려 주려고 온 것이 아니었습니다. 오히려 하나님께 경외함으로 복종하라고 명령합니다. 예배가 승리보다 먼저 와야 한다는 것입니다. 여리고 백성과 싸우기 전에 여호와께 먼저 경배해야 한다고 말합니다. 단지 전투 전략을 짜기 전에 예배를 드리라는 게 아니라, 예배 자체가 곧 전투 전략입니다.

여리고 성 주위를 일곱 번 돌라는 명령은 무모해 보이는 일에도 순종하는지 시험하려는 듯합니다. 하지만 그보다는 여리고 성이 하나님께 드릴 제물이 된다는 뜻입니다. 여리고는 제단 위에서 칼로 내려치기를 기다리는 제물과 같습니다. 그래서 여리고 전투의 모든 요소는 거룩한 전쟁이라는 하나의 큰 그림을 그려 나갑니다. 양각 나팔을 잡은 제사장 일곱 명, 하나님의 임재를 상징하는 언약궤 등 모든 것이 이 전쟁은 하나님이 주도하시는 하나님의 전쟁이라고 분명히 알려 줍니다.

그럼에도 하나님은 자기 백성에게 이 전쟁에 동참하라고 초청하십니다. 이스라엘 백성은 여리고 성이 함락되었다는 소식을 언덕에 앉아서 기다리는 것이 아니라, 나팔을 불며 행진하면서 함께 소리를 질러야 했습니다. 물론 승리를 주시는 분은 하나님이십니다. 그래서 여호수아서는 단 두 절로 이것을 설명하고 넘어갑니다. 승리했다는 사실만 기술합니다.

> 이에 백성은 외치고 제사장들은 나팔을 불매 백성이 나팔 소리를 들을 때에 크게 소리 질러 외치니 성벽이 무너져 내린지라 백성이 각기 앞으로 나아가 그 성에 들어가서 그 성을 점령하고 그 성 안에 있는 모든 것을 온전히 바치되 남녀 노소와 소와 양과 나귀를 칼날로 멸하니라(여호수아 6:20-21)

여호수아서의 저자는 여리고 전투 자체보다는 전투를 수행하는 올바른 방법에 더 초점을 맞추어 기록합니다. 여호수아가 지시하는 내용에 주목해 보십시오.

이 성과 그 가운데에 있는 모든 것은 여호와께 온전히 바치되 기생 라합과 그 집에 동거하는 자는 모두 살려 주라 이는 우리가 보낸 사 자들을 그가 숨겨 주었음이니라…오직 너희는 그 바친 물건에 손대 지 말라(여호수아 6:17-18)

여호수아는 왜 이토록 강하게 금지했을까요? 그 이유는 바친 물건 중 하나에라도 손을 대면 이스라엘 진영에 재앙이 임해 멸망하기 때문입니 다. 이어서 말합니다.

은금과 동철 기구들은 다 여호와께 구별될 것이니 그것을 여호와의 곳간에 들일지니라 하니라(여호수아 6:19)

여호수아서 저자는 전투의 승리가 전부가 아니라고 강조합니다. 전투에 서 이기고도 전쟁에서는 패할 수 있습니다. 이스라엘은 지금 거룩한 전쟁 에 참여하고 있습니다. 결국 여리고 전투는 여호와께서 명령하신 전쟁이 었고, 여호와께서 승리하게 하신 전쟁이었습니다. 평범한 전쟁이 아니라 거룩한 전쟁이었습니다.

거룩한 전쟁

거룩한 전쟁의

특징

하나님께서 이끄시는 거룩한 전쟁의 특징은 무엇일까요? 첫째, 이스라엘 백성이 대리인으로서 하나님의 의로운 심판을 대신 집행했습니다. 그래서 그들은 여리고 성과 성안의 모든 것을 전멸해야 했습니다. 소돔과 고모라를 없앤 유황과 불 같은 역할을 했습니다. 오래전에 아브라함에게 땅을 주겠다는 약속이 왜 늦게 이루어지는지, 왜 애굽에서 400년간 노예로 산 후에야 성취될 수밖에 없는지를 하나님은 설명하신 적이 있습니다.

> 네 자손은 사대 만에 이 땅으로 돌아오리니 이는 아모리 족속의 죄악이 아직 가득 차지 아니함이니라(창세기 15:16)

가나안 족속이 이스라엘 백성에게 멸망당하는 근본 이유는 그들 죄가 가득 차서 하나님의 심판이 임하기 때문입니다. 이와 마찬가지로 오늘날 속히 복음을 전해야 하는 이유도 모든 민족을 향한 심판의 날이 다가오고 있기 때문입니다. 여호수아가 분 나팔을 천사들이 불고, 하늘에서 들리는 그 소리와 함께 심판이 임할 것입니다. 그때 라합처럼 이스라엘의 하나님과 언약을 맺은 자들만 심판을 면하고, 그렇지 않은 자들에게는 영원한 심판의 불만 기다릴 뿐입니다. 여리고 함락은 가득 찬 죄악에 쏟아지는 하나님의 진노를 여실히 보여 주는 끔찍한 경고입니다.

거룩한 전쟁의 두 번째 특징은 전리품을 모두 하나님께 바쳐야 한다는 것입니다. 전쟁에서 얻은 모든 것을 하나님께 속한 물건으로 여겨야 했습니다. 하나님께서 하나님의 전쟁에서 이기셨으므로 하나님이 전리품을 취하시는 것은 당연한 일입니다. 거룩한 전쟁은 협업이 아닙니다. 하나님께서는 그분이 맡은 바를 감당하시고 그 백성은 자기 몫을 감당하는 그런 종류의 전쟁이 아닙니다. 그래서 전리품은 절대 나누어 가질 수 없었습니다.

그런데 이스라엘 백성은 이를 어기고 "온전히 바친 물건으로 말미암아 범죄"(여호수아 7:1)합니다. 비록 아간 한 명이 물건을 취했지만, 하나님의 진노는 아간으로 인해 이스라엘 전체로 향합니다. 그 때문에 여호수아는 자기 옷을 찢고 언약궤 앞에 엎드려 하나님께 도와 달라고 부르짖습니다. 그러자 하나님은 이스라엘이 지은 죄로 인해 그들과 함께할 수 없다면서, 하나님께 바쳐야 할 물건을 훔친 죄를 제거하지 않으면 더 이상 그들이 승리하지 못할 것이라고 말씀하십니다. 구약성경에서 거룩함과 정결함을 훼손하는 죄악은 핵폐기물만큼이나 강력한 전파력을 가집니다. 결국 아간과 그 가족은 언약 공동체에서 쫓겨나 죽임을 당하고, 백성 가운데 있던 죄를 온전히 해결한 다음에야 비로소 여호수아와 이스라엘 백성은 다시 정복에 나설 수 있게 됩니다.

그렇게 아이 성을 정복한 이들은 그 승리의 한복판인 에발 산에서 예배를 드립니다. 에발 산의 예배는 신명기 11장 29절에 기록된 모세의 명령이 그대로 성취된 것으로 당시 모세는 이스라엘 백성에게 약속의 땅에 들어가면 에발 산에서 축복과 저주를 선포하라고 당부했습니다. 그 이유는

이스라엘 백성이 대리인으로서 하나님의 **의로운 심판**을 대신 집행했습니다. 하지만 **거룩한 전쟁**은 협업이 아닙니다. 태양을 멈추신 분도 하나님이셨고, 이스라엘을 위해 싸우신 분도 하나님이셨습니다.

오래전에 아브라함이 세겜에서 처음으로 땅을 얻을 것이라는 약속을 받았기 때문입니다(창세기 12:6-7). 결국 여호수아는 여호와께서 모세에게 명령하신 그대로 가나안 땅 전체를 정복하여 각 지파에 나누어 주고 그 땅 소산을 누리게 됩니다. 그러고는 마침내 그 땅에 전쟁이 그칩니다(여호수아 11:23). 이스라엘 백성은 안식을 누렸고, "모두 행복하게 살았습니다"로 결론이 나는 듯합니다. 하지만 성경 이야기는 여기서 끝나지 않습니다.

 # 가나안 정복 이후

여호수아는 약속의 땅을 정복했을 뿐 아니라 그 땅을 지파별로 나눕니다. 각 지파는 자기 몫의 땅을 유산으로 받습니다. 그중에서 주목할 지파는 레위 지파인데, 땅을 유산으로 받지는 못했으나 그렇다고 해서 받을 유산이 없는 것은 아니었습니다. 여호와께서 자신을 친히 그들의 유산으로 주겠다고 약속하셨습니다. 그 유산은 눈을 들어 위를 바라보게 하는, 이 땅에 속한 유산 그 이상이었습니다. 다시 말해 레위인이 받은 유산은 이스라엘 전체가 받은 유산을 상징하는 것으로서, 바로 하나님 자신이었습니다. 만약 하나님께서 약속한 유산이 지리적인 땅뿐이라면 레위인이야말로 가장 큰 패배자입니다. 하지만 하나님께서 이스라엘 백성에게 약속하신 것이 하나님과 함께하는 삶이라면 레위인은 오히려 가장 좋은 것을 얻었다고 할 수 있습니다.

또 주목할 것은 갈렙과 요셉 자손의 대조적인 모습입니다. 당시 갈렙은 여든다섯 살이었지만, 첫 정탐꾼들의 간담을 녹아내리게 했던 거인들의 땅을 요구합니다. 스스로 자신감이 있어서가 아니라 여호와를 온전히 신뢰했기 때문입니다. 그는 "여호와께서 나와 함께하시면 내가 여호와께서 말씀하신 대로 그들을 쫓아내리이다"(여호수아 14:12)라고 말합니다. 이 모범적 행동에 대해 여호수아서는 이렇게 기록합니다.

> 헤브론이 그니스 사람 여분네의 아들 갈렙의 기업이 되어 오늘까지 이르렀으니 이는 그가 이스라엘의 하나님 여호와를 온전히 쫓았음이라(여호수아 14:14)

이와는 대조적으로, 요셉 자손은 불평과 불만을 늘어놓습니다. 자기들이 받은 땅에 철 병거를 가진 자들이 살고 있어서 정복하기 어렵다고 합니다(여호수아 17:14-18). 첫 정탐꾼들이 젖과 꿀이 흐르는 땅을 보고 와서 거인들이 살고 있어서 그 땅을 차지할 수 없다고 했던 모습과 같습니다.

여호수아서 후반부로 갈수록 그동안 긍정적이었던 이스라엘 백성의 모습에서 부정적인 면들이 드러납니다. 사사기에까지 이어지는 이런 모습으로 인해 약속의 땅을 완전히 정복하는 데 실패합니다. 유다 자손이 여부스 족속을 쫓아내지 못하고(여호수아 15:63), 에브라임 자손이 가나안 족속을 쫓아내지 못하고(여호수아 16:10), 므낫세 자손이 가나안 족속을 쫓아내지 못합니다(여호수아 17:12-13). 또한 단 자손이 유산으로 받은 땅을 차지하는 데 실패합니다(여호수아 19:47). 하지만 여호수아가 유산을 차지한 이야기를 함께 배치해 갈렙과 여호수아가 보여 준 순종과 이스라엘 백성이 실패한 모습을 대조합니다. 광야 시대에도 그랬던 모습이 가나안 땅에서도 반복됩니다. 그럼에도 여호수아서는 매우 긍정적으로 마무리됩니다.

> 여호와께서 그들의 주위에 안식을 주셨으되 그 조상들에게 맹세하신 대로 하셨으므로 그들의 모든 원수들 중에 그들과 맞선 자가 하나도

없었으니 이는 여호와께서 그들의 모든 원수들을 그들의 손에 넘겨
주셨음이니라 여호와께서 이스라엘 족속에게 말씀하신 선한 말씀이
하나도 남음이 없이 다 응하였더라(여호수아 21:44-45)

여호수아서 저자는 이스라엘이 겪은 모든 환난은 그들의 불순종으로 인
한 것이지, 대적이 너무 강하거나 여호와께서 실패하신 것이 아니라는 사
실을 강조합니다. 여호와께서는 자신이 하신 약속을 가장 신실하게 모두
지키셨습니다.

READING JESUS

리딩지저스

: 그리스도 중심으로 읽는 여호수아

우리는 여호수아서의 이야기를 통하여 하나님 나라가 성취되는 소망을 맛보았습니다. 그러나 여호수아서에서 잠깐 보였던 순종하는 모습과 안식의 축복은 완성된 것이 아니었습니다. 언제든 이스라엘의 불순종으로 다시 잃어버릴 수 있는 것이었죠. 우리가 알다시피 여호수아서에 기록된 연합과 안식은 사사기에서 산산조각이 나고 무질서와 불화만이 남습니다. 다윗과 솔로몬 시대에 성전을 건축하면서 다시 회복하는 듯하지만, 이스라엘 왕국이 분열하면서 안식도 잃고 무질서와 불화도 재현됩니다.

여호수아서부터 열왕기까지는 일관성을 지닌 하나의 책입니다. 그 시각으로 여호수아서를 읽으면, 가나안 땅은 원칙적으로 이스라엘 백성이 어떻게 살든 무조건 선물로 주어지는 땅이 아닙니다. 순종하여 얻었으니 불순종 때문에 잃을 수도 있고, 안식 또한 한 번 얻으면 끝나는 게 아니라 지속적으로 유지해야 하는 것입니다. 바로 그 메시지가 여호수아서부터 열왕기까지 반복됩니다. 그러므로 우리는 영원한 안식을 줄 누군가를 기다립니다. 여호수아가 결코 우리에게 줄 수 없었던 영원한 안식, 다윗도 주지 못했던 영원한 안식, 오직 예수 그리스도만이 주실 수 있는 영원한 안식을 기다립니다.

여호수아서는 하나님의 약속에 관한 책입니다. 그래서 하나님의 약속으로 시작합니다. "내가 너를 떠나지 아니하며 버리지 아니하리니"(여호수아 1:5). 이는 하나님께서 모세 이전에 아브라함과 이삭과 야곱에게 이미 하셨던 약속입니다. 하지만 이스라엘 백성이 광야에서 먼저 경험했듯이 하나님의 임재는 양날의 칼과 같습니다. 하나님께 순종하고 그분을 경외하는 자에게는 복이지만 언약을 깨뜨리는 자에게는 재앙을 의미합니다. 그래서 하나님께서는 여호수아에게 말씀하십니다. "나의 종 모세가 네게 명령한 그 율법을 다 지켜 행하고 우로나 좌로나 치우치지 말라 그리하면 어디로 가든지 형통하리니 이 율법책을 네 입에서 떠나지 말게 하며 주야로 그것을 묵상하여 그 안에 기록된 대로 다 지켜 행하라 그리하면 네 길이 평탄하게 될 것이며 네가 형통하리라"(여호수아 1:7-8). 여호수아서는 이스라엘 백성과 함께하시겠다는 하나님의 약속과 그들의 순종 문제를 다루고 있습니다.

하나님은 약속대로 처음부터 이스라엘과 함께하시면서 가나안 정복 전쟁을 이끌어 가십니다. 여호와의 군대 대장으로 나타나셔서 가장 먼저 여리고 성을 정복하시고, 그다음 차례대로 가나안 땅 전체를 초토화하십니다. 이스라엘 백성 가운데 계시면서 그들을 인도하십니다. 여호수아서는 계속 질문합니다. 과연 이스라엘 백성이 하나님께 온전히 순종할 것인가? 아니면 광야 세대처럼 불순종하여 비극을 맞을 것인가? 감사하게도 믿음으로 순종하는 모습이 자주 등장합니다. 여호수아와 갈렙, 요단 강 동쪽 지파들, 정탐꾼들, 라합, 여리고 성을 돌았던 백성까지 모두 신실하게 순종합니다. 하지만 그와 대조적으로 불순종하는 모습도 나옵니다. 아간이 대표적 예이며, 땅 문제로 불평하는 요셉 자손을 비롯해서 여호수아서 후반부에 이르면 가나안 족속을 쫓아내지 않고 불순종하는 지파들이 속속 등장합니다.

우리가 무엇보다 주목할 점은 여호수아서가 결론적으로 보여 주는 긍정적이면서도 부정적인 모습입니다. 여호수아서에서 잠깐 보였던 순종하는 모습과 안식의 축복은 사사기에 들어가면서 무너지기 시작합니다. 그러다가 열왕기하에서는 안식은 고사하고 하나님 백성이 결국 이방 땅에 포로로 잡혀갑니다. 결국 여호수아가 정복한 땅과 그 땅에서 얻은 안식은 완성된 것이 아니었습니다.

여호수아서는 우리에게 영원한 안식을 가져다줄 메시아를 소망하게 합니다. 진정한 여호수아로 오실 예수 그리스도를 기다리게 합니다. 오직 그분만이 우리에게 영원한 안식을 주시기 때문입니다. 우리는 이 약속이 궁극적으로 성취될 그날을 바라보아야 합니다.

❶ "이 (   )을 네 입에서 떠나지 말게 하며 주야로 그것을 (   )하여 그 안에 기록된 대로 다 지켜 행하라 그리하면 네 길이 평탄하게 될 것이며 네가 형통하리라"(여호수아 1:8)

하나님의 (   )는 양날의 칼과 같습니다. 하나님께 순종하고 그분을 경외하며 하나님의 계명을 지키는 자들에게는 기쁜 소식이지만, 언약을 깨뜨리는 자에게는 재앙을 의미합니다. 그래서 하나님께서는 여호수아에게 말씀하십니다. 이것이 여호수아서의 핵심 주제입니다. (성경수업 Lesson 1)

❷ (   ) 함락의 더 중요한 의미는 '하나님을 대적하는 민족은 마지막 때에 멸망한다'라는 종말론적 사건을 미리 보여 주는 대표적인 사례라는 점입니다. 그런데 전혀 기대하지 않았던 곳에서 하나님께서 은혜를 베푸십니다. 그 사건의 주인공은 바로 라합입니다. 유월절 사건의 재현을 통해 이번에는 이방 백성도 저주에서 건져지고, 라합만이 아니라 온 세상이 (   )을 얻는다는 것입니다. (성경수업 Lesson 2)

❸ "그 때에 여호와께서 여호수아에게 이르시되 너는 부싯돌로 칼을 만들어 이스라엘 자손들에게 다시 (   )를 행하라 하시매 여호수아가 부싯돌로 칼을 만들어 (   ) 산에서 이스라엘 자손들에게 (   )를 행하니라"(여호수아 5:2-3)

하나님의 백성이 언약의 징표 때문에 안식을 누리는 것은 아닙니다. 그 언약의 징표가 가리키는 방향을 따라서 하나님께 (   )하는 삶으로 나아가야 합니다. 하지만 하나님과 맺은 언약의 성취는 궁극적으로 인간의 순종이 아니라 구원하시는 하나님의 능력에 달려 있음도 분명히 알아야 합니다. (성경수업 Lesson 3)

❹ 하나님께서 이끄시는 거룩한 전쟁의 특징은 무엇일까요?

- 이스라엘 백성이 (   )으로서 하나님의 의로운 심판을 대신 집행했습니다.

- 전쟁을 통해 얻은 (   )을 모두 하나님께 바쳐야 한다는 것입니다. (성경수업 Lesson 4)

❺ 레위인이 받은 유산은 이스라엘 전체가 받은 유산을 상징하는 것으로서, 바로 (   ) 자신이었습니다. 하나님께서 이스라엘 백성에게 약속한 것이 하나님과 함께하는 삶이라면 레위인은 오히려 가장 좋은 것을 얻었다고 할 수 있습니다. (성경수업 Lesson 5)

정답

1. 율법책, 묵상, 임재 2. 여리고 성, 생명 3. 할례, 할례, 할례, 순종 4. 대리인, 전리품 5. 하나님

❶ 이스라엘이 약속의 땅을 정복하기 위해 치른 전쟁은 하나님이 주도하시는 하나님의 전쟁, 곧 거룩한 전쟁이었습니다. 전쟁을 눈앞에 둔 여호수아와 이스라엘에게 하나님께서 요구하신 것은 무엇인가요? 여호수아 1장 7-8절에 기록된 형통의 비결은 무엇인가요?

❷ 이스라엘 백성은 가나안 족속을 모두 쫓아내지 않고 이전 세대와 똑같이 불평과 불신의 모습을 보입니다. 하나님 말씀에 순종하지 않으면서 불평과 불만만 쏟아놓는 모습이 나에게도 있지 않나요?

❸ 우리는 여호수아서를 통해 자기 백성과 맺은 약속을 신실하게 지키시는 하나님을 만나게 됩니다. 신실하신 하나님을 경험한 순간이 있나요?

❶ 성경 말씀에 기초해, 찬양과 감사의 기도를 드립니다.

내가 네게 명령한 것이 아니냐

강하고 담대하라 두려워하지 말며 놀라지 말라

네가 어디로 가든지

네 하나님 여호와가 너와 함께하느니라 하시니라

여호수아 1:9

❷ 일상의 변화를 소망하며, 회개와 결단의 기도를 드립니다.

❸ 서로를 위해, 또 교회를 위해 기도합니다.

시편 46편

하나님은 우리의 피난처시요 힘이시니 환난 중에 만날 큰 도움이시라

그러므로 땅이 변하든지 산이 흔들려 바다 가운데에 빠지든지

바닷물이 솟아나고 뛰놀든지 그것이 넘침으로 산이 흔들릴지라도

우리는 두려워하지 아니하리로다 (셀라)

한 시내가 있어 나뉘어 흘러 하나님의 성

곧 지존하신 이의 성소를 기쁘게 하도다

하나님이 그 성 중에 계시매 성이 흔들리지 아니할 것이라

새벽에 하나님이 도우시리로다

뭇 나라가 떠들며 왕국이 흔들렸더니

그가 소리를 내시매 땅이 녹았도다

만군의 여호와께서 우리와 함께하시니

야곱의 하나님은 우리의 피난처시로다 (셀라)

와서 여호와의 행적을 볼지어다 그가 땅을 황무지로 만드셨도다

그가 땅 끝까지 전쟁을 쉬게 하심이여

활을 꺾고 창을 끊으며 수레를 불사르시는도다

이르시기를 너희는 가만히 있어 내가 하나님 됨을 알지어다

내가 뭇 나라 중에서 높임을 받으리라

내가 세계 중에서 높임을 받으리라 하시도다

만군의 여호와께서 우리와 함께하시니

야곱의 하나님은 우리의 피난처시로다 (셀라)

모세의 율법과 선지자의 글과 시편에
나를 가리켜 기록된 모든 것이
이루어져야 하리라

누가복음 24장 44절

4장   182-183, 201쪽   《광야의 성막The Tabernacle in the Wilderness》, the 1890 Holman Bible

188쪽   《겟세마네 동산에서 기도하는 예수Jesus betet im Garten Gethsemane》 ⓒIm Fokus

195쪽   《십자가에서 내려지는 예수Descent from the Cross》, 루벤스Peter Paul Rubens

---

5장   218-219, 235쪽   《시내 광야Sinai Desert》 ⓒVyacheslav Argenberg

221쪽   《가을Autumn》, 니콜라 푸생Nicolas Poussin

- 구약성경을 배경으로 하는 연작《사계》중 한 작품으로, 모세가 가나안 땅에 보낸 두 정탐꾼을 그리고 있다.

227쪽   《황금 송아지 숭배L'Adoration du veau d'or》, 니콜라 푸생Nicolas Poussin

---

6장   252-253, 273쪽   《시내 산Mount Sinai》ⓒMohammed Moussa

254쪽   《두루마리에 적힌 토라a Torah at the former Glockengasse Synagogue》
ⓒHOWI(Horsch, Willy)

263쪽   《십계명을 깨는 모세Moses Breaks the Tables of the Law》, 귀스타브 도레Gustave Doré

7장   296쪽   《라합과 정탐꾼Rahab and the Spies》, Dalziels' Bible Gallery

302쪽   《태양과 달이 멈추다Joshua stops the sun and the moon》, Secondo Bianchi(18th century) ⓒUniversitaire Bibliotheken Leiden